CB059082

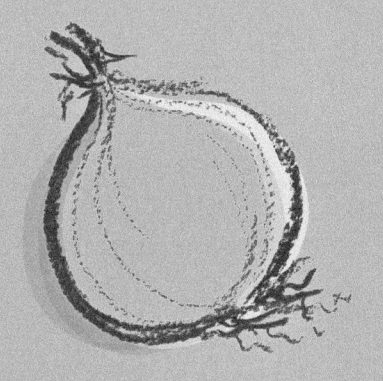

a arte culinária na Bahia

*Copyright © 2011, Editora WMF Martins Fontes Ltda.,
São Paulo, para a presente edição.*

1ª edição *1928*
2ª edição *1954*
Livraria Progresso Editora
3ª edição *2011*
2ª tiragem *2024*

Acompanhamento editorial
Helena Guimarães Bittencourt
Preparação da edição
Ana Paula Luccisano
Revisões
Maria Fernanda Alvares
Sandra Garcia Cortés
Edição de arte
Katia Harumi Terasaka Aniya
Produção gráfica
Geraldo Alves
Projeto gráfico
Marcos dos Santos Lisboa

**Dados Internacionais de Catalogação na Publicação (CIP)
(Câmara Brasileira do Livro, SP, Brasil)**

Querino, Manuel, 1851-1923.
 A arte culinária na Bahia / Manuel Querino ; prefácio Bernardino de Souza ; apresentação e notas Raul Lody. – 3.ª ed. – São Paulo : Editora WMF Martins Fontes, 2011.

ISBN 978-85-7827-325-5

1. Culinária brasileira – Bahia I. Souza, Bernardino de. II. Lody, Raul. III. Título.

10-09742	CDD-641.598142

Índices para catálogo sistemático:
1. Bahia : Culinária : Economia doméstica   641.598142

Todos os direitos desta edição reservados à
Editora WMF Martins Fontes Ltda.
*Rua Prof. Laerte Ramos de Carvalho, 133 01325-030 São Paulo SP Brasil
Tel. (11) 3293-8150 e-mail: info@wmfmartinsfontes.com.br
http://www.wmfmartinsfontes.com.br*

a arte culinária na Bahia

Manuel Querino

Prefácio
Bernardino de Souza

Apresentação e notas
Raul Lody

wmf **martinsfontes**

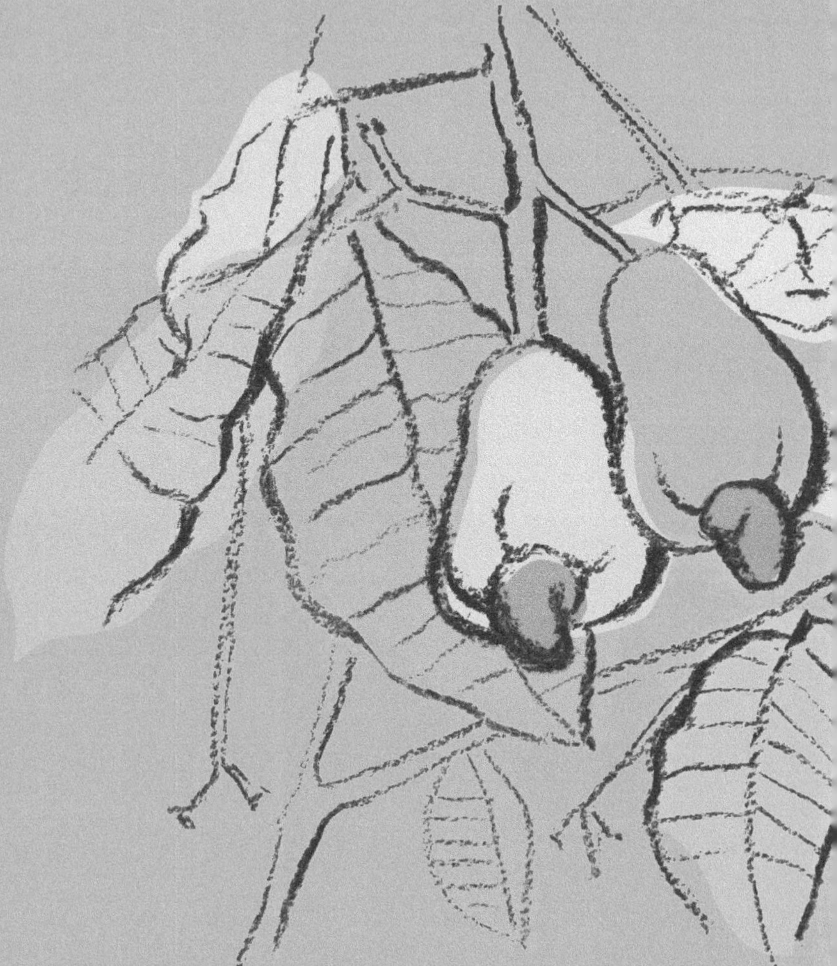

índice

Apresentação 11

À guisa de prefácio 21

Advertência preliminar 29

Dos alimentos
puramente africanos 35
Acaçá 35
Acarajé 36
Arroz de hauçá 37
Efó 38
Caruru 38
Eruru 39
Xinxim 39
Bolas de inhame 40
Bobó de inhame 40
Feijão-de-azeite 40
Aluá 40
Dengué 41
Ebó 41
Latipá ou amori 41
Abará 42

Aberém 42
Massa 42
Ipetê 43
Ado 43
Olubó 43
Eguedê 44
Efum-oguedé 44
Erampatere 44

De algumas noções do
sistema alimentar da Bahia 47
Feijão-de-leite 47
Moqueca de peixe fresco 48
Moqueca de xaréu 48
Moqueca de ovos 49
Escaldado de peixe fresco 50
Frigideira de camarões 51
Peixe sem espinha 53
Empadas de camarões 54
Arroz de forno 54
Mocotó 55
Sarapatel 55
Peru cheio 56
Galinha de molho pardo 57
Galinha de molho branco 57
Feijoada 58

Leitoa assada 59
Vatapá de galinha 60
Maniçoba 62

Da sobremesa baiana 65
Canjica de milho verde 66
Doce de ambrosia 68
Doce de caju 68
Bolo da Bahia 69
Bolo delicioso 70
Bolo inglês 71
Bolachinhas de goma 71
Pastéis 72

Do preparo de licores 75
Licor de banana 75
Licor de cacau 75
Licor de araçá 75
Licor de groselha 76
Licor de umbu ou imbu 76
Licor de jenipapo 76

Notas 79

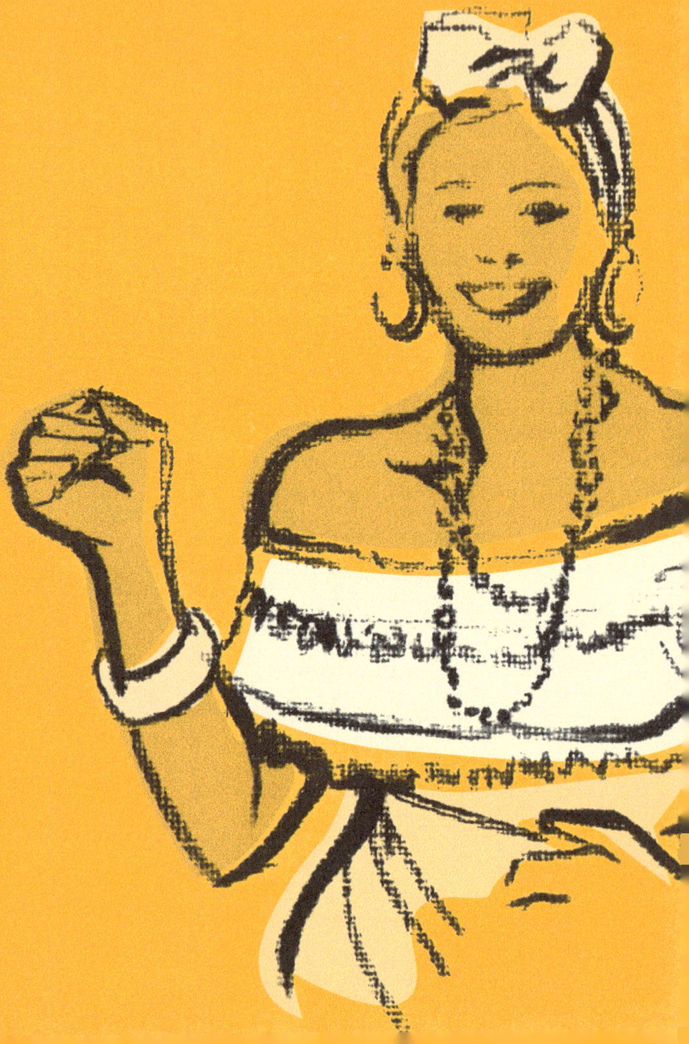

apresentação

Memórias e permanências de uma Bahia africana em receitas e sabores

O feijão-fradinho deve ficar de molho para soltar a casca.
Depois se passa na pedra ou no moinho, para virar pasta,
massa, e acrescenta-se cebola ralada e sal.
Coloca-se o azeite de dendê a ferver, até chegar à temperatura de fritar.
Bate-se bem a massa e põe-se para fritar.
Esse acará deve ficar bem crocante.
O grosso molho, quase pasta, de pimenta, está pronto.
Agora é só lambuzar com pimenta e comer!

Manuel Raimundo Querino certamente inaugurou um olhar e um estilo no entorno de matriz africana, baseado em suas vivências pessoais no Recôncavo baiano, onde se encontra a cidade do Salvador.

A Bahia por ele interpretada vem untada de dendê e carrega essa forte e estimada afrodescendência de iorubás, fons e muitos povos bantos. É a Bahia das festas públicas, das festas intramuros dos terreiros de candomblé. É a Bahia de pratos e bebidas dos dias de celebrar santos, como Cosme e Damião, com o quiabo; Santo Antônio, com o licor de jenipapo; Omolu ou Abaluaiê, com a pipoca; e o Menino Deus, com a rabanada. É a Bahia do coco da Índia, das pimentas nativas e exóticas, da massa de carimã, dos temperos sofisticados da "Costa" (*ielekum, bejerecum, ieru*, entre outros) para dar novos sabores, especialmente ao caruru. É a Bahia do mingau de tapioca e de milho, do mungunzá, enriquecido com cravo e canela do Ceilão, usados também em outros pratos salgados para aguçar o gosto e espalhar o odor.

É essa a Bahia de Querino, oriental e ocidental, que revela permanências registradas na memória coletiva e que vai se aclimatando, sem deixar de preservar identidades reconhecidas e atestadas nas suas inúmeras receitas tradicionais e em outras criadas, adaptadas, abrasileiradas, mas nas quais é possível reconhecer matrizes africanas nos ingredientes, nos processos culinários, nos rituais do servir e do comer.

Querino vive de forma memorial sua Bahia africana, com dominante sentimento de viajante, de documentalista, atento aos muitos sinais que a cidade do Salvador oferece.

Salvador, a *Roma Negra*, como a chamava a antológica ialorixá Aninha, Obá Byi, fundadora em 1910 do Ilê Axé Opô Afonjá, terreiro e território fundante dos costumes de Xangô na Bahia. Essa centenária instituição de cultura e fé dos que chegaram de Oyo, Ketu, Abeokutá, Ifé e de outras terras sagradas permanece, na sua missão de manter e salvaguardar patrimônios africanos e aqueles que a Bahia reinventou e incorporou à sua identidade e história.

Certamente, o Afonjá alia-se à matriz africana Ilê Nassô, a popular Casa Branca, terreiro matriz do nagô na Bahia, reforçando essa evidente presença construtora de um povo que se orgulha de descender dos povos da Costa do outro lado do Atlântico. Visíveis no cotidiano, nos rituais domésticos, nas ruas, nos ganhos, nas quitandas, os muitos ofícios de fazer e vender comida estão presentes no acaçá de leite, na pamonha de milho e na de carimã, no fato, nas ervas, no próprio emu – vinho de dendê. As feiras e os mercados destacam-se, então, como núcleos de histórias e de resistência da cidade, verdadeiros encontros de populações de matriz africana. Um exemplo é a feira/mercado de São Joaquim, em Salvador, universo organizado para vender tudo o que o mundo pode oferecer – o mesmo princípio dos mercados iorubás. Os mercados revelam o povo e sua cultura. Ir ao mercado é ativar as memórias mais remotas e ancestrais, é trazê-las à atualidade, à vida, ao cotidiano.

No São Joaquim, vende-se de tudo: farinha de mandioca, camarão seco, dendê em latas de vinte litros, feijão-macáçar, gengibre, pimentas – muitas, vermelhas, que ardem só de olhar –, além de louças de servir feitas de barro, vindas de Najé, de Coqueiro, de Marogojipinho, que exibem pinturas em tauá em magníficas travessas, panelas, pratos, copos, quartinhas e gamelas de madeira próprias para servir o amalá de Xangô.

Diante de tantos acervos, para Querino, o fazer comida assume a qualidade de arte culinária e ganha valor e lugar especial entre os demais testemunhos que ele documentou, entre os muitos patrimônios de matriz africana na Bahia que ele pioneiramente revelou.

Essa vocação de Querino de registrar os entornos sociais e culturais liga-se à sua trajetória de homem baiano do Recôncavo, de Santo Amaro da Purificação, valorizando imaginários que revelam a cidade do Salvador, suas tradições e seus patrimônios, em especial as receitas, as cozinhas, as comidas do cotidiano e das festas.

A arte culinária na Bahia, de Manuel Querino, é um precioso inventário, em que o autor faz considerações sobre as receitas africanas, as receitas afro-baianas, as receitas tradicionais, assim como sobre os ingredientes, os processos artesanais das cozinhas no exercício e na tradição de fazer comida.

O autor, em seu livro, valoriza a história dos povos africanos – estes os verdadeiros colonizadores, coformadores de inúmeros patrimônios vivenciados por todos nós, brasileiros, incorporados aos nossos hábitos e costumes, dando singularidade a este país que se reconhece como o que carrega a mais notável afrodescendência em suas raízes. O tema comida traduz vivências, permite conhecer diferentes pratos de origem africana que vão formando baianamente uma mesa que inclui a mandioca, o azeite de oliva, os doces de leite: a ambrosia, o manjar de coco e a tão celebrada cocada, que nasce do sabongo, doce tradicional indiano. Contudo, é o dendê que impera no acarajé, abará, efó, farofa, moqueca, vatapá, caruru e em tudo mais que Querino revela na cozinha do Recôncavo.

Querino toca no tema da origem do brasileiro, da fusão do português, do indígena e do africano, nesse verdadeiro mito das três raças. Contudo, o autor, com grande orgulho nativo, na sua voz africana, baiana, destaca a comida como um dos nossos mais significativos patrimônios – e assim a africanidade domina.

A arte culinária na Bahia constitui um amplo memorial que sinaliza os deslocamentos dos pratos das casas para os terreiros de candomblé, e dos terreiros de candomblé para as casas, restaurantes, feiras e mercados.

Nos intercâmbios de receitas, nos processos culinários realizados nas cozinhas, verdadeiros centros de sociabilidade, a comida vai assumindo autoria, revelando as suas mais notáveis características étnicas. Reunindo memórias, a sabedoria tradicional que dá aos ingredientes e seus usos os sentidos de "território", a comida mostra-se também como o melhor registro de uma civilização.

Querino escreve: "[…] o português fazia uso do azeite de oliveira, o africano adicionava, com eficácia, o azeite de dendê ou de cheiro" (p. 31).

O dendê está tão intimamente ligado ao continente africano como a oliva está ao mundo mediterrâneo. Ao unir a Europa e a África Magreb, estabeleceu áreas de etnogastronomia.

Querino afirma que a cozinha da Bahia une diferentes partes da África, do norte e ocidental, com destaque para o golfo do Benim e para uma ampla área que se estende até a região austral, em Angola e Congo, com os povos bantos. É essa ampla "Costa" que dá nome a muitos produtos, informando assim que são africanos.

Inhame-da-costa, pimenta-da-costa unem-se a outros ingredientes africanos presentes na mesa baiana, preservados no ato de fazer comida e de comer.

No livro é feita uma delicada análise dos alimentos africanos, sem deixar de lado os que possuem outras matrizes, como acontece com o milho e o coco, importantes ingredientes das Américas do Sul e Central, bem como com o tão celebrado *Cocus nucifera* da Índia tropical.

O coco, certamente, aparece em muitos pratos brasileiros misturados ao dendê, em uma união fantástica de sabores e odores que anunciam moquecas ferventes em pratos de barro, os melhores para preparar essas comidas e guardar o calor necessário para serem degustadas. Acompanha a farofa amarela, também de dendê, o pirão – uma boa criação nacional, em que farinha e caldo formam uma das nossas mais fantásticas delícias, resultado dos encontros da terra, do reino e da costa – e ainda o arroz branco ou o acaçá, os melhores acompanhamentos para os *pratos de azeite*.

Percebe-se em Querino esse destino de africanizar a cozinha da Bahia, o que é verdadeiro quando se fala da cozinha do Recôncavo, onde impera o dendê. As cozinhas do Sertão assumem outras características, e nelas impera a farinha de mandioca, a carne e o feijão.

Querino oferece ao leitor um generoso cardápio fundado nas culturas de povos africanos, "muitos islamizados". O porco e seus diversos subprodutos constituem restrição alimentar para aqueles que seguem o Alcorão. Para o povo do santo do candomblé, é vetado o jerimum, conhecido também como inhame-vermelho, entre outros ingredientes associados à mitologia dos orixás. Prescrições devem ser seguidas, e surgem então outros cardápios e outros hábitos alimentares.

Depois de mais de oitenta anos de observações e relatos de Querino sobre os cardápios e as receitas do que se comia em uma Bahia fortemente africanizada, percebe-se a permanência de quase todos os pratos. Alguns conservados nos terreiros de candomblé, outros nas casas das famílias, ou mesmo nos intercâmbios entre consumidores de feiras, mercados, terreiros, casas, restaurantes e, especialmente, nas comidas de rua, nos tabuleiros, como os da baiana de acarajé.

Fazem parte das comidas do cotidiano o acaçá, o abará, o caruru, os bolos de carimã, as cocadas, o biju, entre outros pratos que misturam ingredientes por vezes considerados exóticos e que formam os sistemas alimentares da Bahia. São hábitos fundados na mão de cozinha – habilidade daqueles que detêm a sabedoria tradicional do preparo e, principalmente, conhecem sabores, paladares, receitas e a estética dos pratos.

Querino procura apresentar os contextos em que se inserem os pratos, destacando-se as festas públicas e privadas, convencionalmente de caráter religioso, como acontece com a festa/banquete Caruru de Cosme, ou ainda com o Inhame de Oxalá – festa obrigatória que inaugura o ciclo de festas dos candomblés quetos, que homenageiam os orixás da criação do mundo e dos homens e nas quais são oferecidas "comidas brancas", integrando o calendário Funfun (branco); nessas festas, as vestes devem ser brancas e é vetado comer condimentos, especialmente azeite de dendê.

O inhame, a fruta-pão e a macaxeira dão a base alimentar ao café da manhã, ao almoço, junto com o milho, a carne e os temperos mais apreciados.

O cuscuz de farinha de milho é o mais comum, também preparado com massa de carimã. O preparo do cuscuz segue princípios do Magreb, na África muçulmana. É prato integrado ao café da manhã no Nordeste, junto com os mingaus, servidos bem quentes e pulverizados com canela, outro costume do Magreb, que inseriu esse condimento do Oriente na mesa multiafricanizada que é a da Bahia.

Os costumes permanecem na Bahia relatada por Manuel Querino, que sugere roteiros de comer e de descobrir a cidade do Salvador. A cidade é permeada de comidas ambulantes, de pontos de comer sinalizados pelo cheiro do dendê na fritura do acarajé. Hoje, o acará, do formato de uma colher de sopa, ganhou, para saciar a fome urbana, uma série de acréscimos: vatapá de acarajé, caruru, molho de pimenta, camarão seco refogado, salada, tudo recheando um acarajé ampliado, um verdadeiro e suculento sanduíche nagô.

Salvador e a Grande Salvador hoje reúnem mais de duas mil e oitocentas baianas que vivem dos seus tabuleiros, vendendo abará, cocada branca, cocada preta, bolinho de estudante e principalmente acarajé.

O acarajé e a sua venda são relembrados nas festas de Oiá, Iansã – orixá mulher que ensinou todas as outras mulheres a fazer acará, de modo que elas ganhassem sua independência, conquistassem seu reconhecimento, tivessem a própria renda e pudessem assim criar seus filhos.

É o axé do dendê, em toda a sua plenitude simbólica, religiosa e social para a Bahia, para essa Bahia de Manuel Querino.

A experiência de comer é a melhor forma de preservar a comida e tudo o que ela agrega em ritual, sentimentos, função, marca de identidade e, principalmente, pertencimento.

Certamente, a melhor maneira de entender *A arte culinária na Bahia* é no encontro com o dendê, as moquecas, os doces polvilhados de cravo e canela, o acaçá sem tempero acompanhando um vatapá bem condimentado. Essa é uma forma de conhecer essa Bahia multicultural, tão bem mostrada pelo olhar sensível e, principalmente, pela experiência de comer e de valorizar as origens africanas, características marcantes desse pioneiro que é Manuel Querino.

Raul Lody

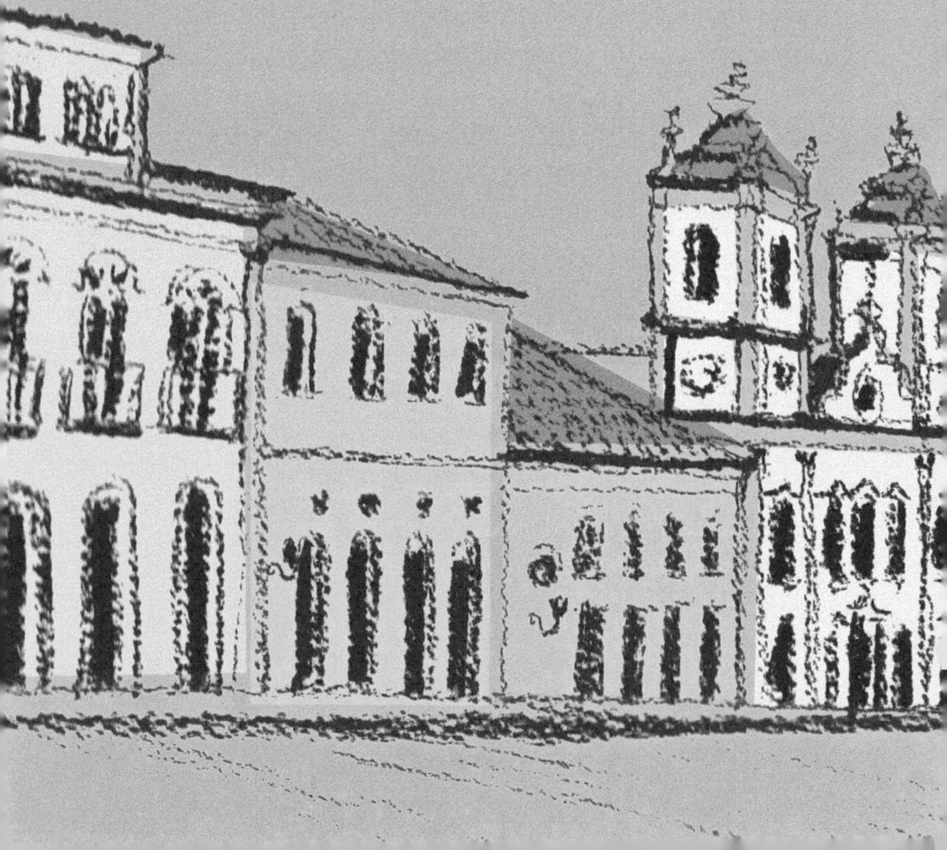

à guisa de prefácio

EM TORNO DA GEOGRAFIA DA ALIMENTAÇÃO[1]

Considerações lidas em sessão do Instituto Geográfico e Histórico da Bahia pelo Prof. Bernardino José de Souza, *a respeito do trabalho* A culinária baiana, *do Prof. Manuel Querino.*

Tanto que o meu velho amigo professor Manuel Querino, indefeso investigador das nossas coisas passadas, me anunciou o seu trabalho a respeito da "culinária baiana" dando-me a traço largo a diretriz por ele prosseguida em searas de todo descuidadas entre nós, na minha retentiva, um tanto disciplinada em cátedra que à memória pede longo fôlego, surgiu a lembrança de umas páginas magistrais dadas a lume na *Revista da Sociedade de*

---

[1] Tanto que mão amiga me pôs sob os olhos o n.º 73, da *Revista do Brasil* (São Paulo), referente ao mês de janeiro deste ano, para logo decidi, deliberadamente, tomar esta curiosa publicação por paraninfo da minha pobre monografia sobre arte culinária e, somente, por não corresponder o meu trabalho à justeza e à benevolência dos conceitos – não a solicitei, previamente, ao ilustrado professor Bernardino de Souza, para o fim que tive em mira.

Entretanto, se, com esta minha resolução, cumpro rudimentar dever de amistoso reconhecimento, muito mais me desvaneço do eminente e desinteressado juízo que de mim fez o laborioso consócio, o indefeso secretário perpétuo do Instituto Geográfico e Histórico da Bahia.

Manuel Querino

Geografia de França, em 1909. Lembrando-as, eu disse ao nosso prezado confrade que o seu trabalho era de grande conta, subindo-lhe a estima por iniciar no Brasil estudos muito sérios e que desvelavam engenhos em meios mais cultos.

De feito, quem já houver perlustrado as páginas de algum dos livros da moderna escola de geógrafos franceses, que teve como chefe o inolvidável mestre Vidal de La Blache e tem hoje como expoente o emérito professor Jean Brunhes, do Colégio de França, certo, não há de estranhar os gabos que presenteio à monografia que nos acaba de ler o velho professor, pedindo ademais um voto de louvor na ata dos nossos trabalhos em homenagem ao opimo fruto de tão relevante lavragem.

De há muito, meus confrades, além Atlântico, já se não insiste na importância dos estudos consagrados à alimentação, à habitação e ao vestuário, que constituem os três fundamentos essenciais de toda a geografia econômica.

Vitor Bérard, vigoroso publicista francês, sociólogo de largos créditos em sua pátria, notou bem à justa que nos tempos antigos, quando se compuseram as epopeias homéricas, os homens não se classificavam segundo caracteres somáticos, como a cor da pele, a conformação do crânio etc., nem segundo os caracteres das línguas ou dos dialetos que falavam, porém, sim, de acordo com seus alimentos. Não se cuidava naquele tempo de negros e brancos, pardos e amarelos: nomeavam-se tão somente os comedores de peixes, comedores de lótus, os sitófagos, os ictiófagos, os iotófagos, acrescentando Bérard que a classificação dos homens *fagos* é mais realista e mais verdadeira do que em *fonos*, isto é, embasada nas línguas faladas.

O geógrafo russo Voeikef, em 1909, em dois artigos publicados no órgão oficial da Sociedade de Geografia de França, patenteou a relevância dos problemas da geografia da alimentação, esboçando uma classificação das gentes consoante as modalidades da alimentação pelos cereais, pela carne e pelos laticínios, terminando por formular algumas conclusões a respeito do futuro da alimentação passíveis apenas de objeções pelo exclusivismo de vegetariano convencido e militante que é o notável mestre moscovita.

Menor não foi a contribuição que trouxe aos novos estudos o professor alemão Lichtenfelt, publicando em 1913 a sua obra *Die Geschichte der Ernaehrung* [*A história da alimentação*]. As 365 páginas desse formoso trabalho são manancial abundoso de sugestões para historiadores e geógrafos, revelando-se-nos em linhas muito claras toda a importância econômica e social do problema da nutrição humana.

Jean Brunhes, que escreveu profunda síntese da geografia humana em livro admirável que o consagrou a maior autoridade do mundo latino em tão belos granjeios, na lição inaugural de um curso de "Antropogeografia" no Colégio de França, chama a atenção dos estudiosos para um livro inteligente aparecido em 1912, da lavra de um ilustrado engenheiro e viajante que se ocultou sob o pseudônimo de Ali-Bab. Nesse trabalho, intitulado *Gastronomia prática. Estudos culinários*, o seu autor traceja um quadro curiosíssimo da geografia da cozinha, pondo em luz as condições e as causas geográficas da repartição destas ou daquelas iguarias. No capítulo preambular Ali-Bab versa a história da gastronomia, dividindo-a em duas partes: uma história das diferentes cozinhas e um quadro das cozinhas atuais.

Eu cito apenas, ilustres confrades, os mais momentosos trabalhos a respeito dessa nova ordem de pesquisas científicas: deixo à margem os muitos artigos de vulgarização dados a lume em revistas e periódicos.

Já notava Jean Brunhes que, quando se fala de cozinha, parece que se desce das regiões superiores do pensamento para a ocupação trivial de problemas terra a terra. Entretanto são escrúpulos superficiais que, precipuamente, se desmancham à luz dos inestimáveis serviços que, para o conhecimento dos usos e costumes dos nossos mais remotos antepassados, têm prestado os restos de cozinha que a ciência europeia apelidada rebarbativamente *kjokkenmodinger*[2] e entre nós se denominam *sambaquis*, tão abundantes na faixa litorânea do Rio de Janeiro ao Rio Grande do Sul.

---

2 Em dinamarquês "kjoken" significa "cozinhar" e "modding" (no plural "moddinger") significa "restos", "destroços".

Além disso, é uma verdade inconteste que não somente grupos étnicos, mas também certas nações e países são definidos, ou, se quiserem, parcialmente definidos, por sua alimentação corrente, por certas e determinadas iguarias preponderantes na alimentação de suas gentes ou características de suas cozinhas.

Sabem todos quem são os comedores de pão, os bebedores de cerveja, os comedores de arroz e os bebedores de chá ou de mate.

Uma iguaria ou um manjar nacional como o *cocido* espanhol, a *polenta* italiana, *mamaliga* rumaica, a *porridge* escocesa, o *stchi* ou o *bortsch* da Rússia, a *sexa* da Suécia, o *knackrebrod* da Finlândia, o *yougourt* da Bulgária, a *miliasse* dos departamentos franceses do Oeste, a *gaude* da Borgonha e do Franco-Condado, o *chuppattis* da Índia Setentrional, o *tzamba* tibetano, o *tofou* japonês, o *couscoussou* árabe da África do setentrião, a *tortilha* mexicana, o *churrasco* platino, o *puchero* da Argentina, o *jupará* e o *reviro* das beiras do Paraná, entre o Brasil e o Paraguai, o *vatapá* e o *caruru* da nossa Bahia, são como espécies de sinais nacionais que despertam em nossos espíritos excelentes representações de um certo número de traços pertinentes a estas coletividades.

Valendo-me da sugestão do insigne mestre francês, tantas vezes citado, eu vos perguntarei: Quantos Estados do nosso Brasil não poderiam ostentar como símbolo em seus estandartes particulares um prato ou um produto regional?

O assunto é realmente de alto interesse. Guerra Junqueira escreveu estes versos robustos:

> *Bom estômago e ventre livre – um patrimônio.*
> *A vida é boa ou má, faz rir ou faz chorar,*
> *Conforme a digestão e conforme o jantar.*
> *Toda filosofia, pode crê-lo, Doutor,*
> *Ou tristonha, ou risonha, ou alegre, ou sombria*
> *Deriva em nós, tão orgulhosas criaturas,*
> *de gastrointestinais combinações obscuras.*

Avivando a vossa atenção no apreciar maduramente o invulgar da preciosa monografia do professor Manuel Querino, não me furto ao prazer de vos referir as palavras de Jean Brunhes em sua aula inaugural já referida, instando persistente na monta de tais problemas: "no curso de meus estudos em torno da península balcânica e a respeito da geografia humana dos países da mesma península, liguei importância excepcional a tudo o que constitui a alimentação costumeira, os alimentos tradicionais e o gênero de vida. Passeando um dia pelas ruas de Belgrado (capital do novo reino Servo-Croata-Esloveno), percebi na frente de uma modestíssima bodega uma mesa onde se achavam um *samovar* e um *kanta*; o *samovar* é o utensílio de cobre que serve para fazer chá; o *kanta* é um vaso cravado de cobre no qual se fabrica e vende a *boza*, que é uma bebida de farinha de milho fermentada.

Ora, o *samovar* e o chá exprimem um costume russo, enquanto a *boza* é de origem turca. Nesse país eslavo, que por tanto tempo esteve sob o domínio dos turcos, as influências da Rússia e da Turquia estão flagrantemente figuradas pela justaposição inesperada do *samovar* e do *kanta*".

Ponderai, meus caros confrades, na acuidade da observação que ressumbra destes períodos de ouro.

Aí ficam estas palavras à margem da criteriosa monografia oferecida hoje ao Instituto, em palestra saborida. Não pretendi criticar-lhe a contextura, até porque só a conhecia no rápido sumário de conversa íntima, numa dessas tardes amigas em que aqui nos encontramos nós, os do grupo mantenedor da atuação diligente e viva do Instituto.

O meu intuito foi apenas despertar os respeitos dos estudiosos desta tenda para a importância atualíssima que, nos meios cultos do velho e novo mundos, têm os estudos a cuja categoria pertence o trabalho do professor Manuel Querino. Ele é, no Brasil e ao meu conhecimento, a primeira contribuição séria nessa província dos estudos histórico-geográficos: cabe ao nosso Instituto a honra de mais uma iniciativa na labuta a que se devotam as sociedades congêneres da República.

O meu voto final é que a monografia do professor Manuel Querino seja capaz de empolgar o espírito de outros seareiros, de jeito que nos presenteiem ouvidas deleitosas como a de hoje, e mais do que isso, afirmem desenganadamente as fainas frutuosas do Instituto Geográfico e Histórico da Bahia.

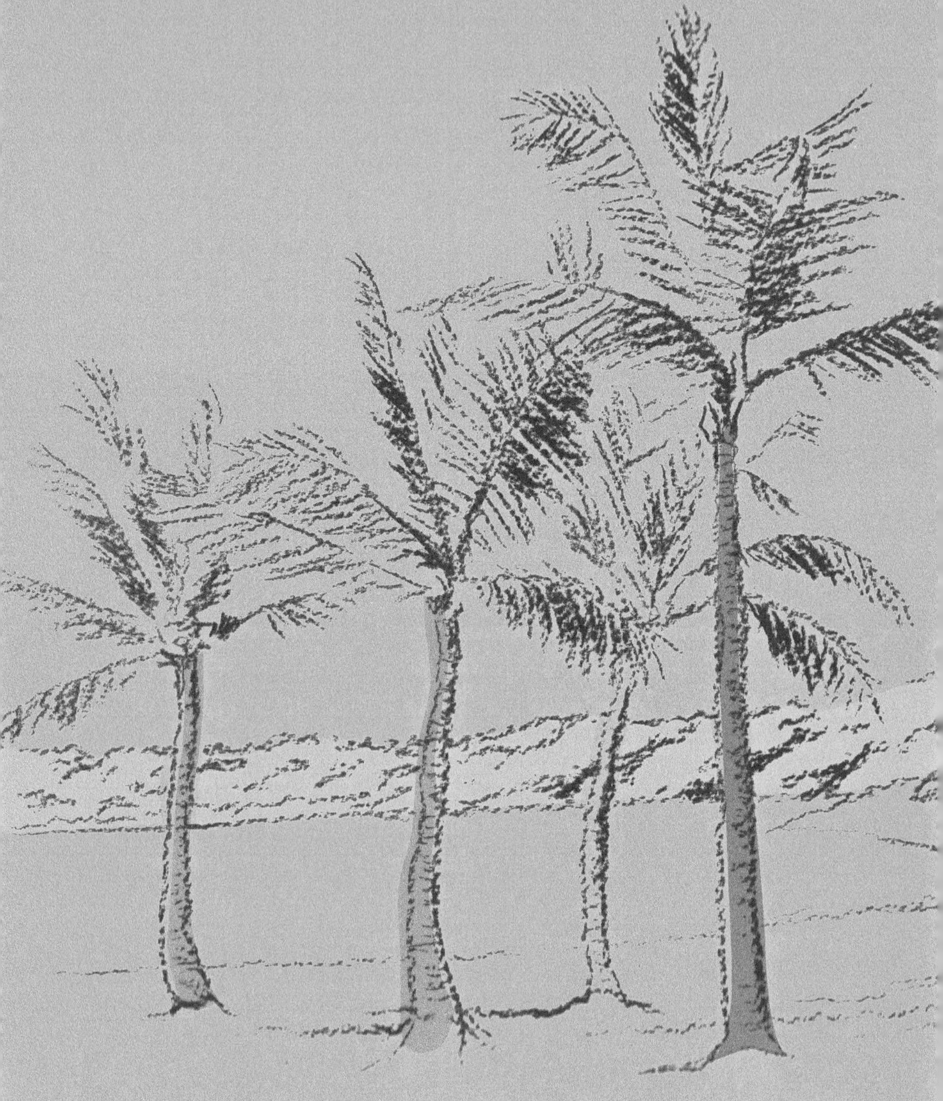

advertência preliminar

Há dilatados anos, tive que viajar o norte e o sul do Brasil, desde o Piauí até o Rio de Janeiro; e nessa demorada excursão interessaram-me os costumes, os hábitos de cada região, em que o sistema alimentar divergia fundamente do da minha terra, sem embargo de me proporcionarem refeições com a chancela, ou segundo a moda, da Bahia, desde que a mim se nomeava a naturalidade. Dessa época longínqua surgiu-me a ideia de esboçar o trabalho que ora empreendo. A cozinha baiana, como a formação étnica do Brasil, também representa a fusão do português, do indígena e do africano. É fácil demonstrar. Embora a contribuição do silvícola fosse muito acanhada e rudimentar, todavia, deixou-nos a *pamonha* e a *canjica* feitas de milho[1], o *beiju* e o *mingau* preparados com farinha de mandioca[2] ou com a tapioca, goma extraída da raiz desse arbusto, a *poçoca* ou *paçoca*, um composto de farinha e carne assada pisada em pilão, o *mate*, o *caruru* ou *cariru*.

O indígena fabricava mais de uma espécie de farinha, tanto que ao peixe seco esfarelado, numa espécie de ralo, dava o nome de *farinha de peixe*.

---

1 A "canjica" era o milho cozido.
2 Como a mandioca é venenosa, o indígena pisava-a ou ralava-a e introduzia a massa no tapiti para extrair a parte venenosa de ácido prússico.
 À mandioca e ao aipim chamavam os indígenas, indistintamente, "macaxeira".

A farinha de milho era o milho seco, retirado a película, e bem pisado, misturado com pouca água e cozido em *banho-maria*[3], como se pratica no sertão.

Do milho ou da raiz do aipim fermentados extraíam os aborígines uma bebida extremamente acidulada que, com poucas libações, produzia a exaltação de ânimo e, finalmente, a embriaguez.

Era o *cauim* preparado pelas donzelas mais formosas da aldeia. O falecido e ilustrado Barão de Guajará (*História colonial do Pará*), tratando da fabricação do *cauim* e referindo-se, em seguida, à frugal alimentação indígena, informou:

> Era o sumo da *macaxeira*, aipim, ou milho, amassado e mastigado, fervido depois em água e, por fim, lançado em pote até fermentar. A alimentação era farta e variada, em certas épocas do ano.
>
> Consistia em caças, peixes, mariscos, batatas e cereais naturais do solo.
>
> Abundavam nos bosques as antas, ou porcos, os veados, as capivaras, as pacas e tantos outros animais conhe-

---

[3] No sertão da Bahia, onde não existe o pão de trigo, os doentes se alimentam de cuscuz ou farinha de milho, à moda indígena, apenas com a adição de diminuta quantidade de sal.
A farinha de mandioca é, vantajosamente, substituída pela de milho, quando se trata de moléstias do fígado, em que a mandioca é comprometedora da vitalidade de tão importante víscera.

cidos, além de inúmeras aves e répteis que habitavam nas praias, nas campinas e nas matas.

Cingiu-se, pois, a contribuição do indígena em nos dar a conhecer os elementos, a matéria-prima, por assim dizer, de que se serviam no preparo das refeições.

A classe pobre sertaneja faz, ainda hoje, largo uso alimentar de caça e aves, como porco do mato, caititu, capivara, veado, paca, tatu verdadeiro, cangambá[4], jacu, nambu, zabelê etc., em substituição da carne bovina e donde, talvez, provenha o vigor, a admirável resistência física dos homens do campo.

O português abastado destinava, de preferência, os escravos que adquiria aos trabalhos agrícolas; mas o comerciante, o capitalista, mandava-lhes ensinar as artes mecânicas, conservando sempre um africano ou africana para o serviço culinário, e daí as modificações modernas no arranjo das refeições à moda do Reino, com a carne, peixe, mariscos, aves e animais domésticos.

As iguarias em que o português fazia uso do azeite de oliveira, o africano adicionava, com eficácia, o azeite de dendê ou de cheiro.

---

4 O "cangambá" é caça de muito apreço desde que seja morta de "susto", isto é, enquanto dorme. O facão ou a foice são os instrumentos preferidos. Em outra qualquer ocasião, o "cangambá" perseguido desprende nauseabundo e entontecedor gás intestinal, de que a própria carne fica impregnada.

A *frigideira* era preparada, de ordinário, com bacalhau pisado, azeite doce, banha e ovos batidos; o africano melhorou-a consideravelmente adicionando o leite de coco para tornar esse prato mais saboroso, o que é incontestável.

Não era tudo: substituía o bacalhau ou o peixe assado pela amêndoa da castanha verde do cajueiro ou pelo broto, donde partem as palmas mais tenras do dendezeiro ou da carnaúba.

É notório, pois, que a Bahia encerra a superioridade, a excelência, a primazia, na arte culinária do país, pois que o elemento africano, com a sua condimentação requintada de exóticos adubos, alterou profundamente as iguarias portuguesas, resultando daí um produto todo nacional, saboroso, agradável ao paladar mais exigente, o que excele a justificada fama que precede a cozinha baiana.

Fora o africano o introdutor do azeite de cheiro, do camarão seco, da pimenta malagueta, do leite de coco e de outros elementos, no preparo das variadas refeições da Bahia.

Eminente médico paulistano, há pouco extinto, traçou no seguinte passo verdadeiro hino de louvor à arte culinária baiana:

> *A nossa cozinha baiana*, especialmente, *não tem no mundo rival para o preparo do peixe*. Não é só o seu vatapá que se impõe à atenção universal; é com razão que os baianos se orgulham da sua moqueca de peixe, do seu angu de quitandeira, do seu efó e do seu mocotó. O leite de coco e o

óleo de dendê são dois condimentos portentosos na arte culinária baiana.

(Dr. L. Pereira Barreto, "A higiene da mesa", *O Estado de S.Paulo*, de 7 de setembro de 1922.)

Os senhorios de eras afastadas, muitas vezes, em momentos de regozijo, concediam cartas de liberdade aos escravizados que lhes saciavam a intemperança da gula com a diversidade de iguarias, cada qual mais seleta, quando não preferiam contemplá-los ou dar expansão aos seus sentimentos de filantropia em alguma das verbas do testamento.

Era vulgar, nos jantares da burguesia, uma saudação, acompanhada de cânticos, em honra da cozinheira, que era convidada a comparecer à sala do festim e assistir à homenagem dos convivas.

Até as moças de família abastada se exercitavam nos trabalhos culinários, a fim de mais tarde dirigirem, sabiamente, o arranjamento das refeições cotidianas, ou o preparo dos finos manjares das mesas de banquete.

Na elaboração desta monografia tive que me referir a miudezas descritivas, absolutamente dispensáveis aos conterrâneos, mas de inteira necessidade aos que me lerem lá fora.

Cada terra com seu uso – é da sabedoria popular.

Bahia, 1922
M. Querino

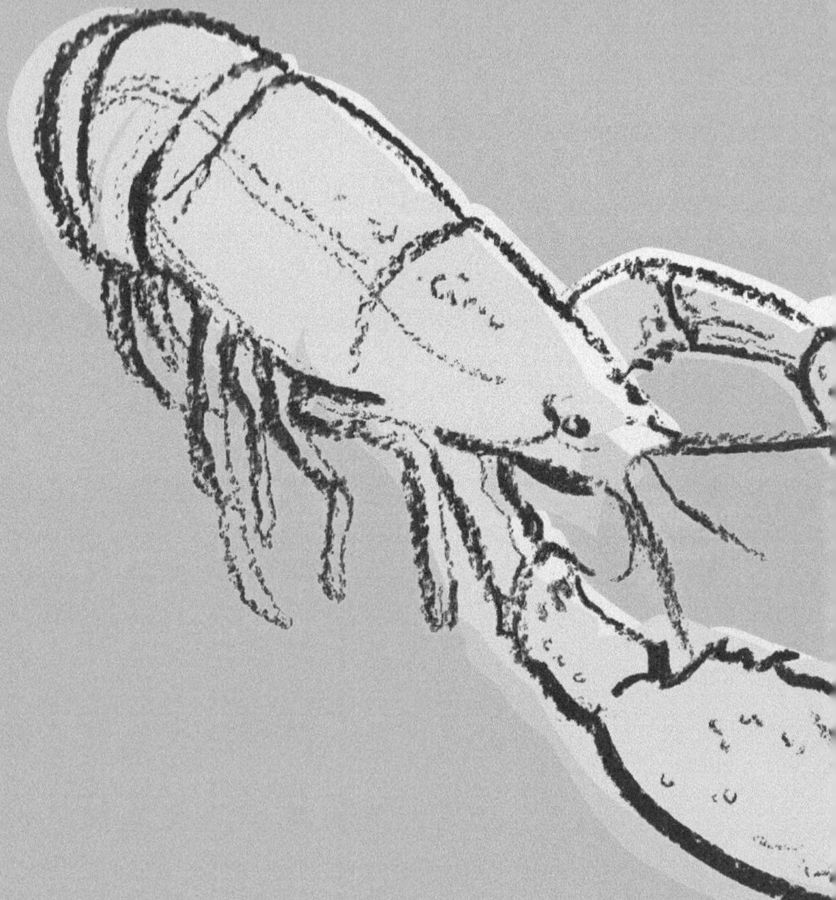

dos alimentos puramente africanos

São estes os principais alimentos de que o africano fazia abundantemente uso, entre nós, e são, hoje em dia, preparados pelos seus descendentes, com a mesma perfeição:

Acaçá

Deita-se o milho com água em vaso bem limpo, isento de quaisquer resíduos, até que se lhe altere a consistência. Nestas condições, rala-se na pedra[1], passa-se numa peneira ou urupema e, ao cabo de algum tempo, a massa fina adere ao fundo do vaso, pois, nesse processo, se faz uso de água para facilitar a operação.

Escoa-se a água, deita-se a massa no fogo com outra água, até cozinhar em ponto grosso.

---

1 A pedra de ralar, como vulgarmente lhe chamam, mede cinquenta centímetros de comprimento por vinte e três de largura, tendo cerca de dez centímetros de altura.
A face plana, em vez de lisa, é ligeiramente picada por canteiro, de modo a torná-la porosa ou crespa. Um rolo de forma cilíndrica, da mesma pedra de cerca de trinta centímetros de comprimento, apresenta toda a superfície também áspera.
Esse rolo, impelido para a frente e para trás, sobre a pedra, na atitude de quem mói, tritura facilmente o milho, o feijão, o arroz etc.
Estes apetrechos africanos são geralmente conhecidos na Bahia, e muita gente os prefere às máquinas de moer cereais.

Depois, com uma colher de madeira, com que é revolvida no fogo, retiram-se pequenas porções que são envolvidas em folhas de bananeira, depois de ligeiramente aquecidas ao fogo.

Acarajé

A principal substância empregada é o *feijão-fradinho*, depositado em água fria até que facilite a retirada do envoltório exterior, sendo o fruto ralado na pedra.

Isso posto, revolve-se a massa com uma colher de madeira, e, quando a massa toma a forma de pasta, adicionam-se-lhe, como temperos, a cebola ralada e o sal.

Depois de bem aquecida uma frigideira de barro, aí se derrama certa quantidade de azeite de cheiro (azeite de dendê), e, com a colher de madeira, vão-se deitando pequenos nacos da massa, e com um ponteiro ou garfo são rolados na frigideira até cozer a massa. O azeite é renovado todas as vezes que é absorvido pela massa, a qual toma exteriormente a cor do azeite. Ao acarajé acompanha um molho, preparado com pimenta malagueta seca, cebola e camarões, moído tudo isso na pedra e frigido em azeite de cheiro, em outro vaso de barro.

Arroz de hauçá*

Cozido o arroz n'água sem sal, mexe-se com a colher de madeira até que se torne delido, formando um só corpo e, em seguida, adiciona-se um pouco de pó de arroz para assegurar a consistência.

Prepara-se, depois, o molho em que entram como substâncias a pimenta malagueta, cebola e camarões, tudo ralado na pedra.

Leva-se o molho ao fogo com azeite de cheiro e um pouco d'água, até que esta se evapore.

---

* A partir daqui, todos os itens com asterisco trazem nota no final do livro.

Como complemento ao *arroz de hauçá*, o africano frigia pequenos pedaços de carne de charque que eram espalhados sobre o arroz juntamente com o molho.

Efó

Corta-se a folha conhecida vulgarmente por língua de vaca ou a mostarda e deita-se ao fogo a ferver com pouca água. Isso feito, escoa-se a água, espreme-se a massa daí resultante e coloca-se de novo na mesma vasilha com cebola, sal, camarões, pimenta malagueta seca, tudo ralado conjuntamente na pedra e, finalmente, o azeite de cheiro.

Prepara-se também o efó com peixe assado, ou com garoupa, caso em que esta é cozida à parte.

Ainda mais: como o peixe é assado sem sal, ralam-se os respectivos temperos em quantidade suficiente e leva-se tudo ao fogo. O africano empregava ainda a folha da taioba no preparo do efó.

Caruru*

Em seu processo observa-se o mesmo processo do efó, podendo ser feito de quiabos, mostarda ou de taioba, ou de oió, ou de outras gramíneas que a isso se prestem, como sejam as folhas dos arbustos conhecidos, nesta capital, por unha de gato, bertalia, bredo de Santo Antônio, capeba[2] etc., às quais se adicionam a garoupa, o peixe assado ou a carne de charque e um pouco d'água que se não deixa secar ao fogo. O caruru é ingerido com acaçá ou farinha de mandioca.

ERURU

Preparado o feijão-fradinho, como se fez com o acarajé, coloca-se pequena quantidade em folha de bananeira, à maneira do acaçá, e cozinha-se em banho-maria, isto é, sobre gravetos colocados no interior de uma panela com água.

Depois de pronta, a massa é diluída em mel de abelhas ou num pouco de azeite de cheiro com sal.

É uma verdadeira farófia.

XINXIM

Morta a galinha, depena-se, lava-se bem, depois de retirados os intestinos, e corta-se em pequenos pedaços.

Deita-se na vasilha ou panela para cozinhar com sal, alho e cebola ralados.

---

2 Os doentes do fígado fazem demorado uso da capeba e do bredo de Santo Antônio, como legumes, no cozido de carne verde.
A bertalia, preparada como ervas, é excelente prato e no cozido substitui admiravelmente a couve.

Logo que a galinha estiver cozida, adicionam-se camarões secos em quantidade, sal, se for preciso, cebola, sementes ou pevides de abóbora ou melancia, tudo ralado na pedra, e o azeite de dendê.

Bolas de inhame*

Despido da casca, lava-se o inhame com limão e coze-se com pouco sal. Em seguida é pisado em pilão e da massa se formam bolas grandes que são servidas com caruru ou efó.

Bobó de inhame

Corta-se o inhame em pequenos pedaços, leva-se ao fogo com água e finalmente tempera-se com o efó.

Feijão-de-azeite (umulucu)

Cozido o feijão-fradinho, tempera-se com cebola, sal, alguns camarões, sendo todas essas substâncias raladas na pedra, adicionando-se, ao mesmo tempo, o azeite de cheiro.

A iguaria só é retirada do fogo depois de cozidos os temperos.

Aluá

O milho demorado n'água, depois de três dias, dá a esta um sabor acre, de azedume, pela fermentação. Coa-se a água, adicionam-se pedaços de rapadura e, diluída esta, tem-se bebida agradável e refrigerante.

Pelo mesmo processo se prepara o aluá ou aruá da casca do abacaxi.

Dengué

É o milho branco cozido, ao qual se junta um pouco de açúcar.

Ebó

É preparado com milho branco pilado. Depois de cozido, certas tribos africanas adicionavam-lhe azeite de cheiro e outras o *ouri*.

Outro processo: misturam-se o milho e o feijão-fradinho torrado e, com um pouco d'água, deitam-se a ferver; depois, juntam-se sal e azeite de cheiro.

Latipá ou amori

Era feito com folhas inteiras da mostardeira, as quais, depois de fervidas, temperavam como o efó e deitavam a frigir no azeite de cheiro.

Abará*

Põe-se o feijão-fradinho em vaso com água até que permita desprendê-lo da casca, e, depois de ralado na pedra com cebola e sal, junta-se um pouco de azeite de cheiro, revolvendo-se tudo com uma colher de madeira.

Finalmente, envolvem-se pequenas quantidades em folhas de bananeira, como se faz com o acaçá, e coze-se a banho-maria.

Aberém

Prepara-se o milho como se fora para o acaçá e dele se fazem umas bolas semelhantes às de bilhar, que são envolvidas em folhas secas de bananeira, aproveitando-se a fibra que se retira do tronco para atar o aberém.

É servido com caruru e também com mel de abelhas. Dissolvido n'água com açúcar, é excelente refrigerante.

Havia ainda o aberém preparado com açúcar, cujas bolas, do tamanho de um limão, eram ingeridas sem outro qualquer elemento adocicado.

Massa

Rala-se o arroz, cozinha-se e formam-se pequenas bolas que se envolvem em polvilho de arroz. São também refrigerantes dissolvidas em água com açúcar.

O preto muçulmano, porém, frigia essas bolas de arroz no azeite de cheiro, ou no mel de abelhas, constituindo essa iguaria verdadeira preciosidade em suas cerimônias religiosas.

Ipetê*

O inhame descascado, cortado miúdo, fervido até perder a consistência, é temperado com azeite de cheiro, camarões, cebola e pimenta, estes últimos ralados na pedra.

Ado

É o milho torrado reduzido a pó e temperado com azeite de cheiro, podendo-se-lhe juntar o mel de abelhas[3].

Olubó

Descascada e cortada a raiz da mandioca, em fatias muito delgadas, são estas postas a secar ao sol.

Na ocasião precisa, são essas fatias levadas ao pilão, e aí trituradas e passadas em peneira ou urupema. A água a ferver, derramada sobre o pó, produz o olubó, que é uma espécie de pirão.

---

3 Ao milho torrado e ralado na pedra, depois de passado na peneira, adicionava o africano um pouco de açúcar, e a isso chamavam "fubá de milho".
Ainda mais: o africano deitava ao fogo um alguidar com areia e certa quantidade de milho que ia estalando à medida que aumentava a temperatura e assim obtinha a "pipoca" do indígena, a qual era vendida com pedaços de coco seco.

Eguedê

É a banana denominada da *terra*, frita no azeite de cheiro.

Efum-oguedé

Prepara-se com a banana de São Tomé, não amadurecida de todo, descascada, cortada em fatias e deitada ao sol para secar.

Dias depois pisa-se, no pilão, passa-se na peneira e obtém-se a farinha chamada efum-oguedé.

Erampatere

É um naco de carne verde, bem fresca, salgada e frita no azeite de cheiro.

* * *

Os africanos ainda condimentavam as suas refeições com o ataré (pimenta-da-Costa), em quantidade muito reduzida; com o iru, fava de um centímetro de diâmetro, usada em quantipeneira e obtém-se a farinha chamada efum-cum*, outra fava de quatro centímetros de comprimento por dez milímetros de espessura, empregada no tempero do caruru; com o ierê, semente semelhante à do coentro e usada como tempero do caruru, do peixe e da galinha.

Faziam ainda os africanos largo emprego do *egussi* (pevide de abóbora ou melancia) no condimento de certas iguarias.

O africano, em geral, era sóbrio no uso de bebidas alcoólicas; não se dava ao vício da embriaguez, mas do dedenzeiro extraía generoso vinho.

Para esse fim, na parte superior do tronco dessa palmeira, faziam uma incisão e colocavam um pedaço de bambu para servir de escoadouro da seiva. Ao líquido que caía em uma cabaça aí amarrada davam o nome de *vinho de dendê**.

Posteriormente, na Bahia, foi o vinho posto a fermentar e filtrado antes de engarrafado, e isso lhe imprimia certa potência alcoólica e característica, sem embargo do paladar agradável e saboroso.

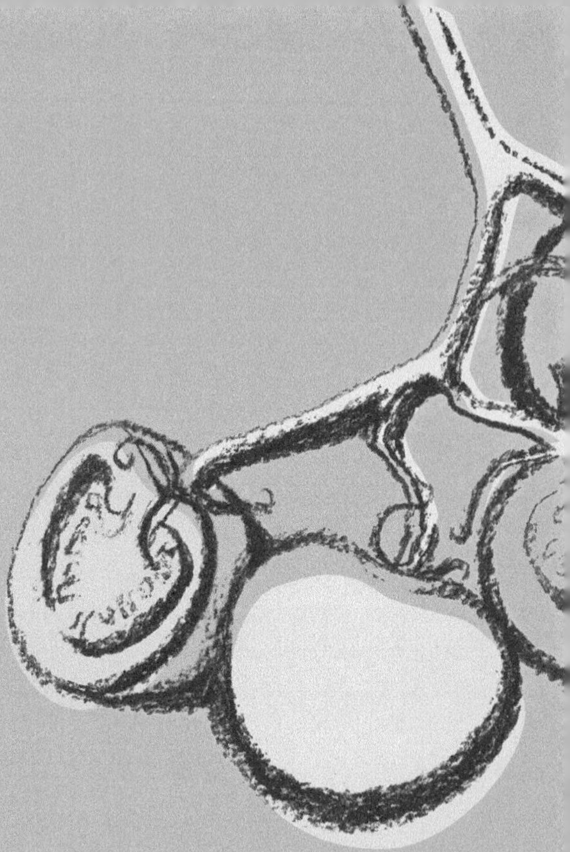

de algumas noções do sistema alimentar da Bahia

Como deixei entrever acima, proveio a cozinha baiana do regime alimentar português, alterado e melhorado pelo africano.

Somente o cozinheiro baiano possui o segredo de tornar uma refeição saborosa e, por isso, de fácil ingestão.

Nesta resenha, me referirei a alguns dos principais alimentos, propriamente baianos, e que, noutros Estados, são barbaramente adulterados.

FEIJÃO-DE-LEITE

Coze-se o feijão-mulatinho ou o feijão-preto, pisado, ou mói-se no pilão para desprender o fruto da película que o envolve. Neste processo preliminar, caso se queira desprezar a película ou casca, é preciso passar o feijão pisado na urupema como se usa em certas cozinhas, principalmente pela indigestibilidade da película do feijão. Os hepáticos não devem ingerir o feijão de outra forma.

Em seguida, adiciona-se quantidade suficiente de leite de coco para dissolver a massa, um pouco de sal e açúcar e, finalmente, leva-se ao fogo até tomar ponto. O feijão-de-leite, misturado com farinha, é servido, na Bahia, com bacalhau (cozido, assado ou ensopado), garoupa ou outra qualquer espécie de peixe.

Moqueca de peixe fresco

Escama-se o peixe, retiram-se os intestinos e depois de bem lavado com bastante limão e água vão-se depositando as postas em frigideira. Prepara-se depois o molho, composto de sal, pimenta-malagueta, coentro, limão (de preferência ao vinagre), tomate e cebola, moído tudo em um prato, molho este derramado sobre as postas do peixe.

Antes de levar a frigideira ao fogo para cozer o peixe, deita-se o azeite de oliveira ou o azeite de cheiro, conforme o paladar ou o gosto de cada domicílio, sendo preferido o emprego de ambos estes óleos.

Moqueca de xaréu[1]

Escamado o peixe e bem lavado com limão e água, tem-se o cuidado de tirar os vermes brancos que se criam no lombo e na cabeça, principalmente se o xaréu está gordo.

Estes vermes variam de extensão e espessura e, se não forem extraídos, imprimem à moqueca sabor adocicado.

---

1 O xaréu somente de ano em ano aparece nas águas do litoral baiano, isto é, de dezembro a março. Em eras remotas, o consumo desse peixe estava adstrito aos escravos, à população pobre e aos tripulantes dos navios que partiam para a costa de África ou para o continente europeu.
Presentemente, o xaréu é muito apreciado também pela classe abastada, variando o preço entre 800 e 1$400 réis o quilo, quando antigamente não excedia de 40 rs. a libra.

Concluído este processo preliminar, são as postas conservadas na água, com limão espremido, até perder todo o sangue.

Durante esta infusão prepara-se o mesmo molho da moqueca de peixe fresco, sendo que o azeite de oliveira deverá ser preferido ao de cheiro ou de dendê.

Finalmente, são as postas de xaréu depositadas na frigideira com o molho e levadas ao fogo.

O xaréu de escaldado obedece ao mesmo sistema dos outros peixes simplesmente cozidos.

Variada é a coleção de peixes que são colhidos em redes, anzóis, *munzuás* e camboas na baía de Todos os Santos, fora da barra do porto e no mar alto, caso em que os pescadores se utilizam de jangadas e grandes saveiros.

Entre os peixes mais saborosos destacam-se pampo-da-espinha-mole, cioba-gorda, cavala, dentão, curimã, pescada, olho-de-boi, bicuda, tainha, corvina, taoca, vermelho e outros de preço inferior.

Entre os mariscos contam-se o camarão, ostra, lagostim, polvo, caranguejo, siri e outros.

Moqueca de ovos

Prepara-se primeiramente o molho como se fora para a moqueca de peixe fresco, e junta-se pouca quantidade de água, a fim de que sejam fervidos os temperos na frigideira.

Manifestada a ebulição, partem-se os ovos sobre o molho e cobre-se a frigideira para apressar o cozimento da moqueca.

Escaldado de peixe fresco

Escamado e tratado o peixe fresco, pelo processo já exposto acima, passam-se sal e alho. Prepara-se então o caldo, deitando água no fogo, com azeite doce, tomate, cebola, coentro, mais um pouco de sal, jilós, quiabos e ovos inteiros, se quiser. Quando o caldo estiver a ferver então, e só então, deita-se o peixe.

Existem ainda os escaldados do peixe assado e do peixe frigido em azeite de oliveira, forma esta mais apreciada pelos paladares exigentes.

O processo ou preparo é o mesmo do escaldado de peixe fresco.

Já o escaldado de garoupa, peixe que abunda nos Abrolhos, ao sul do Estado da Bahia, exige maior cuidado do cozinheiro. Coloca-se, de véspera, o peixe em água fria para diminuir a quantidade de sal que o conserva.

No dia seguinte, imerge-se-o em água fervente, ocasião em que é escamado e tratado, retirando-se do lombo uns vermes que aí se localizam, embora não comprometam eles o paladar de quem os ingere. É questão de limpeza.

Lava-se depois a garoupa com limão e em água fria, despindo-a de quaisquer apêndices desnecessários.

Em seguida, prepara-se o mesmo caldo do escaldado de peixe fresco, adicionando-se leite de coco, para tornar a garoupa mais saborosa, isso se quiserem.

Não menos meticuloso é o escaldado de caranguejos vivos. Antes de tudo são lavados em água fria, com pequena vassoura de piaçava, para limpá-los da lama de mangue em que viveram. Isto posto, com uma faca afiada se retiram os pelos dos tentáculos e finalmente são lavados em nova água. Depois, deita-se água no fogo, com sal, e quando surgir a ebulição desprendem-se os caranguejos da corda que os amarra e se os deitam, ainda vivos, na panela. Cozidos que estejam, são retirados do vaso e em seguida preparado o caldo, como ficou dito acima, relativamente ao escaldado de peixe fresco.

Do caldo se faz então o angu ou pirão de farinha de mandioca. Nem todos sabem ingerir o caranguejo de escaldado pela dificuldade em separar o marisco dos diversos ossos que o compõem.

Frigideira de camarões

Coloca-se o camarão seco num vaso com água quente para facilitar o desprendimento das escamas, e põe-se o bacalhau a ferver. Retirado este do fogo, cata-se, isto é, tiram-se as espinhas, pele, e pisa-se no pilão, como se pratica depois com os camarões.

Isto posto, misturam-se as duas substâncias assim trituradas com os seguintes temperos: cebola, pimenta-do-reino em pó, alho, tomate, coentro, vinagre, leite grosso de coco e azeite doce. Os temperos são machucados num prato, à parte, e depois é que são adicionados e revolvidos com a massa do camarão e bacalhau.

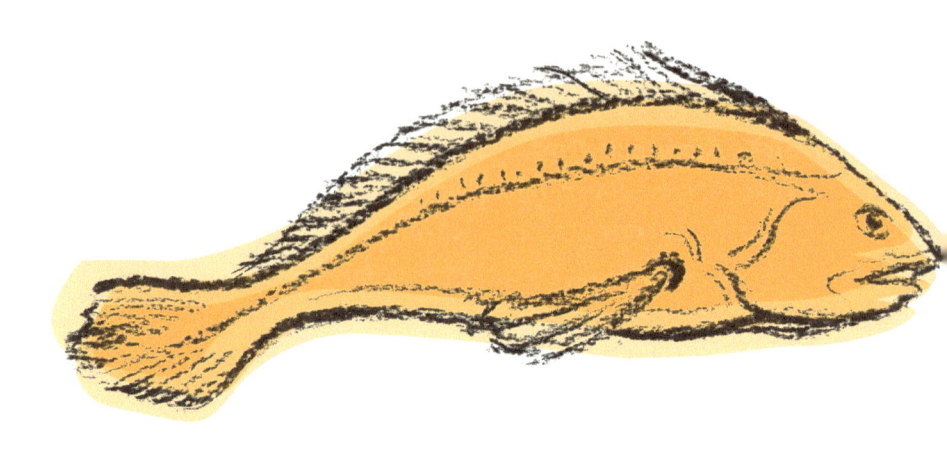

Leva-se tudo ao fogo numa frigideira para ferver até secar a parte líquida.

Batem-se os ovos, cuja quantidade depende da grandeza da frigideira, e a eles se acrescenta uma colher de farinha de trigo, depois de batidos.

Parte dos ovos assim batidos é misturada com a massa da frigideira, já temperada, e esta é nivelada com uma colher grande para receber, em seguida, rodas de cebola, com uma azeitona no centro de cada uma e, finalmente, despeja-se a outra parte dos ovos batidos, e leva-se ao forno, para cozer. Em falta de forno, deitam-se brasas em uma bandeja de folha de flandres e com ela cobre-se a frigideira para tomar cor e, para que o calor sobre a parte superior não diminua a espessura da frigideira, convém que seja ela colocada sobre o fogo muito brando, enquanto mantém a temperatura na parte inferior. No caso de ser o bacalhau substituído pelo lagostim, passa este pelo mesmo processo daquele.

Na frigideira da castanha verde do caju esta substitui o bacalhau. Para esse fim, retira-se a amêndoa da castanha, ferve-se para desprendê-la da película que a envolve e machuca-se para misturá-la com o camarão pisado. Em tudo o mais se observa o processo da frigideira de camarões.

Outra frigideira, muito apreciada, é a do palmito do dendezeiro, cortado em pedaços miúdos e levados ao fogo até se tornar de fácil diluição e cuja massa é misturada com o camarão pisado.

Peixe sem espinha

Depois de tratado como ficou exposto acima, com uma faca afiada, abre-se o ventre do peixe e retira-se a espinha dorsal; depois disso, enche-se o espaço vazio com os mesmos temperos da frigideira de camarões. Isto feito, coze-se o ventre do peixe com alguns pontos de linha fina e coloca-se numa assadeira com azeite doce e leva-se ao forno para cozinhar.

Empadas de camarões

Prepara-se a massa de farinha de trigo em um pouco d'água, sal, azeite doce e açafroa (urucu) para dar cor. Depois de bem batida a massa, deita-se numa tábua bem limpa, e é estendida com um rolo até torná-la bem delgada.

Isto feito, corta-se a massa de acordo com o tamanho da fôrma, na qual é estendida e enche-se de camarões ensopados ou peixe do mesmo modo, com cebola e azeitonas. Corta-se uma parte da massa em forma de círculo, que é a tampa; fazem-se uns bicões em redor e fecha-se a empada.

No centro da tampa coloca-se uma azeitona para enfeite.

Deita-se finalmente na fôrma para assar.

Arroz de forno

O arroz é bem lavado e despejado em caldo de carne gorda, e este, ao ferver, é temperado com cebola, tomate, ou melhor, massa de tomates, vinagre, pimenta-do-reino e cominho, tudo isso moído ou ralado em prato fundo comum, juntando-se também manteiga de vaca e banha de porco. Cozido o arroz é despejado em um prato grande, redondo, e depois de bem acertado com uma colher, para torná-lo bem alto, e dar-lhe a forma de semicírculo, deitam-se rodas do chouriço português e azeitonas, indo, afinal, ao forno para corar.

Mocotó

É uma das refeições mais apreciadas pelo povo baiano e ainda pela classe abastada.

Para isso, aproveitam-se a unha, o beiço, o fato ou intestinos do boi, exceto o rim, o fígado e o coração. Os intestinos são lavados cuidadosamente com limão e água, e depois partidos em pedaços. Com uma faca afiada limpa-se, ou melhor, descasca-se o beiço e o mesmo se faz à unha, mas de modo que se não retire toda a pele que cobre os ossos. Abre-se a unha ao meio para a lavagem com limão e finalmente é tudo lavado em água pura.

Isto posto, vai o mocotó ao fogo com água, sem nenhum tempero. Depois de bem cozido a fogo forte, moem-se o sal, tomate, cebola, alho, cominho, pimenta-do-reino e um pouco de vinagre, adicionando-se a isso hortelã e uma folha de louro.

Antes desses temperos, deita-se o toucinho bem lavado e também, se se quiser, a linguiça da terra, ou melhor, o chouriço português.

Convém advertir que o mocotó deverá ser cozido de véspera, pois é sempre servido ao almoço do dia seguinte, *quando se lhe deitam os temperos.*

Sarapatel

Morto o suíno, é recolhido o sangue que jorra da incisão feita com faca pontiaguda, em um vaso com vinagre ou sal.

Os intestinos são bem lavados com limão e água e depois de aferventados é escorrida a água. O mesmo processo se aplica ao bofe, coração, fígado, rins e língua, conservando-se, porém, o caldo, já temperado com sal.

Isto feito, corta-se tudo pelo miúdo, mistura-se com o caldo que fica de reserva e leva-se ao fogo, e, logo que o sarapatel estiver cozido, despeja-se o sangue. Se o sarapatel for consumido no mesmo dia, juntam-se, após o sangue, os temperos que são os mesmos do mocotó. Em qualquer circunstância, tempera-se o sarapatel pouco antes de ser ingerido.

Peru cheio

Depois de morta a ave é despojada do pescoço, cabeça e pés. Imerge-se n'água a ferver, depena-se, e trata-se à maneira da galinha, sem abri-la; na parte posterior faz-se larga abertura por onde se retiram os intestinos e procede-se à limpeza interior, com limão e água.

Com um garfo é a ave inteiramente picada e metida depois em salmoura, ou vinho de alhos, composto de vinagre, alho, cominho, pimenta-do-reino em pó, sal e hortelã. Estas substâncias bem moídas, em prato fundo, são untadas interna e externamente, ficando o peru de infusão, nos temperos, por algumas horas.

Prendem-se as pernas, na parte posterior, frige-se um pouco de farinha de mandioca na manteiga, adicionam-se azeitonas e rodas de chouriço e, depois, enche-se o papo da ave com estas substâncias.

Dão-se pontos com linha branca no tronco do pescoço e coloca-se o peru em frigideira grande com um pouco de manteiga. Leva-se ao forno, mudando-o sempre de posição até cozer.

Galinha de molho pardo

Antes de dar o golpe no pescoço da ave, deita-se um pouco de vinagre na vasilha que tiver de recolher o sangue. Depois de imergida em água fervente e depenada é passada em labaredas para despi-la de qualquer penugem, e em seguida é lavada com limão e água e cortada aos pedaços. Tempera-se com sal, vinagre, alho, manteiga, cominho e pimenta-do-reino em pó, hortelã, cebola, tomate, toucinho e chouriço e leva-se ao fogo para cozer. Isto feito, deita-se o vinagre com sangue, que é que constitui o molho pardo, e à proporção que este é despejado, revolve-se a panela com a colher de madeira para que o sangue não talhe.

Galinha de molho branco

A ave é preparada da mesma forma que a galinha de molho pardo, sendo dispensado o sangue. Os temperos são ainda os mesmos, mas a hortelã é substituída pelo coentro e a manteiga pelo azeite doce. Cozida a galinha e antes de retirá-la do fogo adiciona-se quantidade suficiente de ervilhas.

Feijoada

É condição essencial que o feijão seja novo para que a feijoada se torne apetitosa, preferindo-se o denominado mulatinho, se bem que outros deem mais valor ao feijão-preto.

Isto posto, separam-se os grãos de todos os resíduos estranhos ou danificados pelo gorgulho ou caruncho e finalmente são lavados em água fria.

Enquanto isso se faz, leva-se ao fogo a carne de charque para escaldar e por fim lavada com água e assim limpá-la de qualquer impureza, com o auxílio da faca de cozinha ou instrumento cortante.

O feijão, a carne de charque, a carne verde, ou moqueada, e o toucinho são postos ao fogo, e depois de tudo bem fervido adicionam-se linguiça, carne de porco salpresada, que é lavada para retirar o sal, e finalmente moem-se a cebola, pimenta-do-reino, tomate e alho em um pouco de vinagre e com essa mistura tempera-se a panelada.

Além desses temperos costumam adicionar uma ou meia folha de louro, conforme a quantidade da feijoada. Para torná-la mais agradável ao paladar, ainda se junta chouriça portuguesa e no ato de retirar a panela do fogo deita-se um pouco do azeite ou graxa que envolve a chouriça do Reino. Se a feijoada é de feijão-preto, neste caso, depois de catado, é aferventado, escorrido e lavado ainda depois com água quente. O mais, como ficou explicado acima, em relação ao feijão-mulatinho. Pode-se finalmente deitar o feijão em um vaso com água, de véspera, depois de catado, e levá-lo ao forno do dia seguinte. As pessoas que padecem do estômago ou do fígado costumam mandar pisar o feijão, depois de aferventado, e passá-lo na urupema para retirar a casca ou película exterior.

O mesmo regime deverá ser seguido pelas pessoas idosas.

Leitoa assada

Deverá ser nova, isto é, de dois a três meses.

Morto o suíno, trata-se de retirar o pelo com água a ferver, limpando a pele com uma faca. Lavada a leitoa, retiram-se-lhes os intestinos, os olhos e a língua, lavando-se também o ventre do animal com limão e água. Isto posto, cose-se o ventre da leitoa com linha branca e se a deita de infusão em vinha-d'alho ou vinho de alhos, constituído dos seguintes temperos: alho, pimenta-do-reino, cominho, cebola, sal, tudo ralado e quantidade suficiente de vinagre. Essa operação se faz de véspera, e até ao dia seguinte é a leitoa voltada de posição, dentro da vinha-d'alho, e nesse ínterim costumam picar o corpo do suíno com um garfo para absorção dos temperos. No dia imediato, é a leitoa levada ao forno para assar, untando-a com um pouco de manteiga de vaca, também chamada do tempero ou manteiga salgada.

Uma vez retirada do forno, duas azeitonas substituirão os olhos do animal, em torno do focinho, enrolar-se-á um frocado de papel branco, recortado, para encobrir os dentes. Cumpre reparar que *é conveniente aferventar a leitoa em uma concha grande de barro ou outro vaso adequado, isso depois da infusão e antes de ir ao forno, pois acontece muitas vezes que o suíno é* assado apenas exteriormente.

Em época anterior, eram os intestinos da leitoa bem lavados com limão e água, cortados em pequenos pedaços, aferventados e novamente introduzidos no ventre do animal, ocasião em que se fazia a costura à linha.

Era a leitoa cheia.

Vatapá de galinha*

Morta a galinha, depenada, lavada com limão e água, é partida em pequenos pedaços que são depositados na panela e temperados logo com vinagre, alho, cebola e sal, tudo moído com o machucador de madeira, em prato fundo. Põe-se a panela ao fogo e quando o conteúdo estiver seco adiciona-se pouca água, a fim de continuar o cozimento.

Enquanto a galinha está a cozer, rala-se o coco, retira-se o leite grosso com muito pouca água[2] e reserva-se. Novamente, deita-se mais água no coco para se ter o leite mais delgado, que é bem misturado com o pó do arroz, principalmente, e derramada essa mistura na panela, revolve-se ou mexe-se constantemente com uma colher grande, de madeira.

---
2 O processo é de fácil desempenho: ralado o coco, a massa é depositada numa urupema e espremida à mão com muito pouca água; tem-se, pois, o leite grosso ou puro. Os resíduos são postos de um lado da urupema e aí recebendo maior quantidade d'água são novamente espremidos para se ter o leite fino ou delgado.

Ato contínuo, moem-se os camarões em porção, cebola, pimenta-malagueta em pequeno pilão, ou por outro qualquer processo, junta-se diminuta quantidade de água, enquanto se dissolvem essas substâncias e despejam-se na panela, continuando a mexê-la com a colher. Quando a panela estiver a ferver, deitam-se o azeite de cheiro e o leite grosso, que ficou de reserva. Tem-se pronto o vatapá de galinha, privativo das mesas elegantes.

O vatapá de garoupa é o mais comum, pois é considerado de maior sabor que o de galinha.

Bem lavada a garoupa com limão é levada ao fogo com pouca água. O mais como ficou exposto acima. A quantidade de garoupa não deverá exceder de meio quilo.

Outras formas há de vatapá: *de carne verde, bacalhau, peixe assado* ou *salgado* etc.

Este último é levado ao fogo juntamente com todos os temperos do vatapá de galinha, exceto o leite grosso e o azeite de cheiro, que são deitados na panela, em último lugar.

Maniçoba*

Colhe-se certa porção das folhas tenras de aipim; convenientemente lavadas e livres dos talos, trituram-se no pilão, ou em máquinas comuns, usadas para moer milho, coco, carne etc.

Espreme-se o sumo, que é desprezado ou deitado fora. As folhas assim pisadas vão ao fogo com pouca água até ferver de modo que fiquem delidas. A carne de charque, cabeça de porco partida, mocotó moqueado de gado bovino, toucinho em quantidade suficiente, sal, alho, folha de louro e de hortelã, pimenta e tudo isso quando estiver a ferver recebe as folhas pisadas do aipim, e deixa-se cozinhar bem.

Fica subentendido que não se pode determinar a quantidade de cada tempero nas comidas. Depende do paladar de quem as prepara; o princípio geral é – *tudo de mais é sobra*.

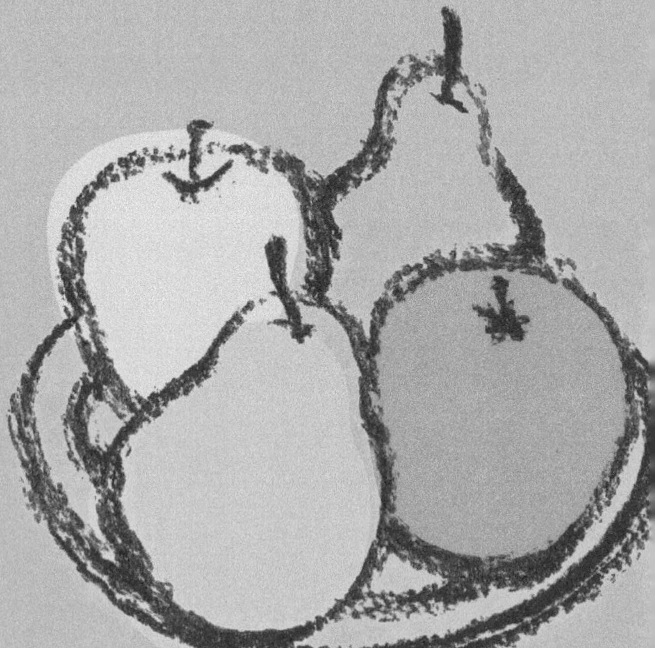

da sobremesa baiana

Inteiramente nula foi, entretanto, a influência africana no preparo de doces e guloseimas de sobremesa, ao contrário do regime alimentar.

Os conventos da capital e alguns estabelecimentos profanos tiveram notória nomeada no enfeite e acondicionamento de bandejas de doces finos, destinadas a casamentos, batizados, bailes e banquetes. A variedade desses doces, tanto em calda como secos, ainda hoje tem muito apreço, principalmente os de calda, trabalhados em frutos do país como: araçá, laranja-da-terra, caju, jenipapo, limão, cidra, banana, abacaxi, manga, mangaba e outras.

Entre os doces secos sobressaem: o pão de ló, o bolo inglês, sequilhos, pastéis, bolachinhas de goma etc.

O Convento da Soledade sempre se avantajou aos demais no preparo de doces, sendo frequentes as encomendas para fora do Estado, e até para o estrangeiro.

O Convento do Desterro, de preferência, ainda fabrica uma farinha alimentar, muito recomendada aos convalescentes. Em sua composição, entram o milho, a araruta, a tapioca e a farinha de trigo.

Fabricam ainda as franciscanas do Desterro uma geleia muito fina, cuja matéria-prima é constituída dos tecidos que cobrem os ossos superiores às patas dos bovinos.

É alimento destinado às pessoas acometidas de afecção pulmonar.

As religiosas da Lapa trabalham admiravelmente em doces de banana, queimados de água de flor, e em xaropes de angico e de babosa (aloés), específico das moléstias do aparelho respiratório, e bem assim em saborosas canjicas de milho verde.

No Convento das Mercês fazem-se doces de qualidades diferentes, e também confeitos que são engastados em ramos de folhetas.

Assim, cada estabelecimento religioso da Bahia possui a sua especialidade.

Além das frutas cultivadas no Estado, entre as quais sobressaem a inexcedível laranja do Cabula (subúrbio da capital), a manga de enxerto de Itaparica, o imbu sertanejo, as uvas brancas de Itiúba e Juazeiro, enfeitam a sobremesa baiana estes outros saborosos pratos.

Canjica de milho verde

Previamente, ralam-se os cocos, ou seja, cinco para vinte e cinco espigas de milho.

Debulhados, ou melhor, retirados os grãos da espiga, cortando-os com uma faca e recolhidos em urupema, depois de limpos, são ralados em máquina americana ou na pedra. Depositada a massa em vasilha grande com água, os resíduos que vêm à tona são apanhados à mão e passa-se na urupema, ou melhor, no estopinha, a massa contida na vasilha, espremendo-a à mão.

Reservam-se as sobras que são novamente raladas na pedra, passadas e espremidas na estopinha.

O vaso ou panela que recebe a massa do milho espremida é conservada em repouso, por algum tempo, e, finalmente, escorre-se a água.

Em seguida, à massa que ficou aderida ao fundo do vaso adicionam-se o sal e o leite de coco mais fraco[1]; leva-se ao fogo e mexe-se incessantemente com uma colher grande, de madeira, até que a canjica comece a engrossar, ocasião em que se deita o açúcar para não embolar, e quando a canjica estiver em efervescência tempera-se com manteiga fina, leite grosso de coco, água de flor de laranjeiras e água de erva-doce e cravo, fervidos à parte.

---

1   Requer a canjica de milho verde o emprego do leite grosso de coco e do leite mais fraco. Este último é o que se mistura com a massa do milho, enquanto o dissolve para ser levada ao fogo. À proporção que a ebulição se manifesta e a canjica não estiver ainda cozida, "o que se conhece pelo sabor do milho verde", junta-se outra quantidade de leite fraco, e assim por diante.
Quanto ao leite grosso, consta do lugar indicado no texto.
Em suma: a melhor lição na feitura da canjica depende da observação pessoal.
Prepara-se ainda a canjica de flor de arroz e de milho verde pilado, o que não se deve confundir com o pó do dito milho. Põe-se o milho pilado de infusão n'água, durante dois dias. Nesta operação não se intrometem as mãos na vasilha, sob pena de deteriorar ou azedar o milho. De 24 em 24 horas escorre-se a água. A canjica de milho pilado mal difere da de milho verde.

Finalmente, deixa-se cozer bastante até tomar ponto grosso. Nessa ocasião, retira-se a canjica do fogo e é depositada em pratos grandes.

Convém lembrar que a canjica, depois de levada ao fogo, nunca se deixa de revolvê-la com a colher.

Quando a canjica estiver fria, é polvilhada com canela em pó, antes de ser servida.

Doce de ambrosia

Prepara-se o doce de ambrosia com ovos, coco e açúcar. Com uma faca retira-se a película exterior do coco, rala-se espremendo-se a massa, e o leite, grosso ou puro, é recolhido em vaso de louça. Deita-se a calda (água com açúcar) ao fogo e, logo que a mesma esteja em ponto forte, batem-se os ovos, que são depois derramados no leite de coco e adiciona-se essa mistura à calda.

Dado o novo ponto, derrama-se sobre o doce água de flor de laranjeiras e cravo em grão. Tudo isso se faz a fogo lento e revolvendo o doce, levemente, com uma colher.

Para seis ovos são precisos dois cocos e meio quilo de açúcar bem alvo, e assim nessa proporção. Água de flor, quanto bastante.

Doce de caju

Toma-se de uma porcelana ou outro vaso vidrado, com água até o meio.

Sobre o líquido espreme-se metade de um limão.

Isto feito, descasca-se o caju, que deverá ser maduro, empregando-se nessa operação uma faca bem amolada, de que esta apenas levante a película que envolve o fruto e seja a mesma retirada com o auxílio dos dedos polegar e indicador.

À proporção que o caju é despido da película exterior, é mergulhado ou depositado dentro da porcelana.

Depois disso, tomam-se os cajus, um a um, introduz-se-lhes um palito de madeira[2] e espreme-se, sem que se retire todo o líquido.

Antes disso, secciona-se ou corta-se com a faca o orifício superior, para retirar a parte escura de contato com a castanha e o mesmo se pratica na parte anterior.

Tem-se, pois, o caju preparado para ser deitado na calda, que deverá ser preparada em panela vidrada[3].

O fruto é aí cozido e aguarda-se que a calda tome *ponto*.

Como se vê, o processo é muito simples.

Retirada a panela do fogo, põe-se a esfriar, e depois é que o doce é distribuído pelas compoteiras.

BOLO DA BAHIA

Tomam-se seis gemas de ovos, meio quilo de açúcar, cem gramas de manteiga, o leite de um coco grande ralado, e batem-se

---

[2] O emprego do palito é preferível, pois o garfo modifica a cor natural do caju.
[3] É vaso muito conhecido na Bahia.

as gemas com o açúcar e depois com manteiga e uma mão cheia de massa de mandioca-puba.

Distribui-se tudo isso por pequenas formas untadas de manteiga, as quais são levadas ao forno, em fogo brando, até cozinhar.

Outra forma – Batem-se meio quilo de açúcar e dezesseis gemas de ovos, como se fora para o feitio de pão de ló. As claras dos mesmos ovos são batidas, em separado, como se fossem para suspiros, e adicionam-se à primeira composição, como também meio quilo de farinha do reino e igual quantidade de manteiga fina.

Toda essa composição vai ao forno em vasos especiais.

Bolo delicioso

Misturam-se cinco colheres de farinha de trigo, duas de manteiga fina e oito de açúcar, mais quatro ovos, sendo dois com as claras e dois com as gemas, e o leite puro de um coco.

Toda essa fusão, bem batida, leva-se ao forno para cozer e corar. As formas são internamente untadas de manteiga comum.

Outra forma – Batem-se bem, e separadamente, seis claras de ovos, e depois outras tantas gemas. Juntam-se duas colheres de farinha de trigo, 100 gramas de queijo ralado, 500 gramas de açúcar, em forma de calda, e o leite de dois cocos. Bate-se toda essa composição e leva-se ao forno, na vasilha competente.

Bolo inglês

(de 250 gramas)

Batem-se separadamente seis ovos, três com a clara e três com a gema, inclusive 250 gramas de açúcar.

Em seguida, derrete-se ao fogo 250 gramas de manteiga fina, e depois de fria despeja-se o líquido sobre os ovos já batidos, juntam-se 500 gramas de farinha de trigo e bate-se novamente para formar uma só massa.

A fôrma, antes de recolher a massa ou pasta, é untada internamente com manteiga comum, e finalmente levada ao forno para cozer.

Para o preparo do bolo inglês com o peso de 500 gramas, as substâncias acima indicadas são elevadas ao dobro e assim por diante, observando-se a mesma proporção.

Bolachinhas de goma

Para certa quantidade requerem-se:

2 litros de goma seca,

2 cocos bem secos,

250 gramas de açúcar,

2 ovos,

50 gramas de manteiga fina.

Ralam-se os cocos e tira-se o leite grosso espremendo a massa com o auxílio de um guardanapo bem limpo. Em seguida, batem-se os ovos e juntam-se a manteiga e o açúcar. Esses ingredientes serão bem revolvidos até formar um só corpo. Finalmente, adiciona-se a goma aos bocados e vai-se revolvendo com uma colher até formar uma pasta espessa, e para isso se faz preciso o auxílio das mãos, para que a massa se torne mais compacta.

Isso feito, vão se retirando pequenos nacos da massa, os quais tomarão a forma redonda, revolvidos entre as palmas das mãos e depois levemente achatados.

À proporção que assim se pratica, enfeita-se cada bolachinha com a pressão de um garfo na parte superior, e por último é depositada em bandejas de folha de flandres para ir ao forno.

Substituindo a goma da mandioca pela flor de milho e observando em tudo o mais o processo exposto acima, ter-se-á a bolachinha de milho.

Pastéis

A massa para os pastéis é preparada do mesmo modo que a da empada, sem a açafroa, e o azeite doce é substituído pela banha de porco. Estendida a massa na tábua, cortar-se-á do tamanho que se quiser. Enche-se a massa com carne de porco, passada em máquina, e os temperos de carne. Dobra-se a massa de modo a lhe dar a forma de semicírculo, e passa-se a carretilha.

Na frigideira com manteiga de porco vão-se colocando os pastéis a frigir e depois de corados se retiram do fogo. Finalmente, são cobertos de açúcar refinado. Sendo o pastel de aletria esta é cozida com cravo, canela, água de flor e açúcar. Deixa-se esfriar num prato e, depois, vai-se envolvendo na massa a quantidade de aletria que possa caber numa colher de sopa, como na outra espécie de pastéis.

do preparo de licores

Licor de banana

Descasca-se, dilui-se ou machuca-se a banana chamada de São Tomé, e põe-se de infusão em um pouco de álcool. Decorridos quinze dias, espreme-se a polpa num pano e o líquido é misturado com calda de açúcar, bem alvo, que deve ser um pouco encorpada ou em ponto grosso.

Licor de cacau

Tomam-se as bagas ou frutas do cacau, descascam-se, pisam-se em almofariz e deitam-se de infusão no álcool.

Dias depois, coa-se a massa e o líquido é misturado com a calda, conforme o paladar de quem o prepara.

Licor de araçá

Vinte quatro araçás, especialmente os brancos, são cortados, postos de infusão num litro de álcool, de 22 graus. No fim de quinze dias, espremem-se num pano e ao líquido adiciona-se a calda.

Licor de groselha

Qualquer porção da fruta é primeiramente posta a ferver. Isso feito, escorre-se a água e levam-se as frutas ao fogo com um pouco de açúcar. Antes de *tomar ponto*, retiram-se do fogo e, perdido o calor, misturam-se com cachaça em porção muito reduzida.

Licor de umbu ou imbu

Retiram-se os caroços da fruta, a casca e a polpa são colocadas num vaso com cachaça. Depois de oito dias espreme-se a infusão num pano, prepara-se a calda e mistura-se.

Todos os licores de frutas, depois de preparados, devem se conservar alguns dias engarrafados antes de serem servidos, pois se tornam mais agradáveis ao paladar.

Quanto mais velhos mais saborosos.

Licor de jenipapo

Descasca-se o fruto já maduro e corta-se a polpa conservando-se os caroços. Isso feito, deposita-se a massa (polpa e caroços) numa terrina com a quantidade de boa cachaça que for necessária. Depois de oito ou dez dias, espreme-se a infusão em pano bem limpo com a presença manual, filtra-se pelo processo comum e adiciona-se a calda.

Para conservação, por muito tempo, porém, faz-se mister adicionar uma colher ou meio cálice de álcool, a cada litro de licor.

Não convém ferver o jenipapo, como fazem muitos fabricantes, pois a ação do calor deteriora o licor depois de pronto. Ainda mais: não entram na infusão os caroços que apresentarem qualquer alteração, caso em que só se aproveita a polpa.

Somente por brevidade, e por não imprimir maior vulto a esta despretensiosa monografia, eximo-me de aludir, mais extensamente, à arte culinária, tanto que omiti qualquer referência particular ao papel dos legumes no sistema alimentar da Bahia, no qual a influência africana ainda se sobrepõe à do português.

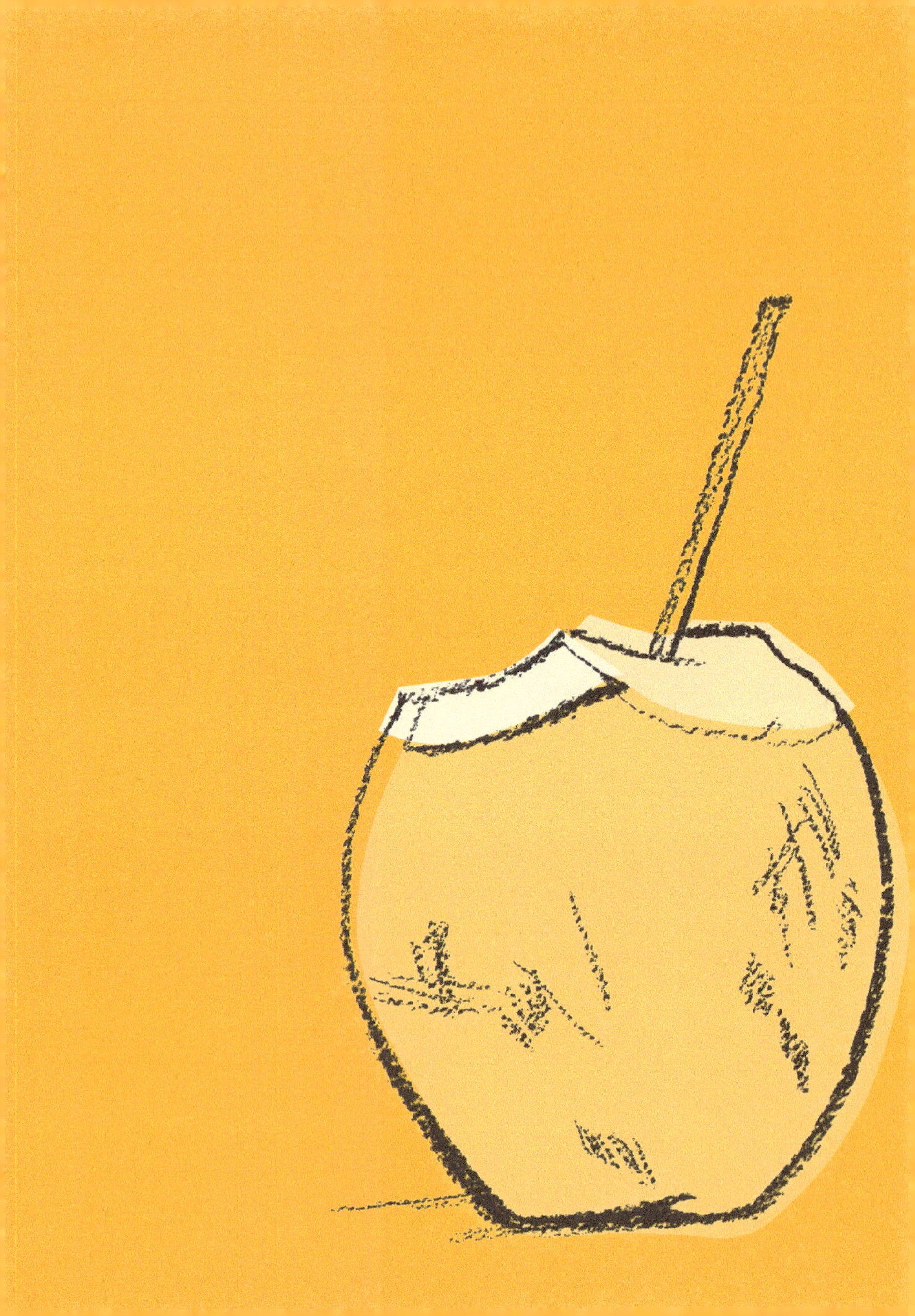

notas

ARROZ DE HAUÇÁ

Essa é uma receita consagradamente afro-islâmica ou afro-muçulmana. O consumo coletivo de um mesmo prato segue a estética e a maneira social de comer dos muçulmanos.

Os hauçás, na Bahia, são os africanos filhos de Alá, seguidores do Alcorão. Também chamados de malê e mussurumim, estão integrados ao sistema social e religioso do islã, procedente da África ocidental. Assim, há uma forte representação dessa África que une o Magreb, o norte do continente e o mediterrâneo a amplas regiões subsaarianas.

A forte chegada do islã à África, a partir do século X, vai se refletir, tempos depois, nos muitos contingentes de africanos em condição escrava que desembarcaram no Brasil, especialmente nos portos de Salvador, Recife e Rio de Janeiro.

Algumas receitas do arroz muçulmano são muito importantes para a tradição baiana. Há o arroz de hauçá simplesmente cozido em água e sal, com o acréscimo de leite de coco, para funcionar como o acaçá. Acompanha pratos condimentados como o vatapá, o xinxim de galinha, o caruru, entre outros.

Há também o arroz acompanhado de molho de pimenta e dendê e ainda aquele que inclui *eguedê* – banana frita. Esse arroz está, assim, aberto à criatividade nas cozinhas, integrando o cardápio da semana com outras comidas feitas com azeite de dendê.

Comer com a mão as porções colocadas no prato diante do comensal e repartir a mesma comida é uma permanência desse hábito do povo do islã e constitui a melhor maneira de comer arroz de hauçá.

Caruru

Querino inclui em seu livro algumas receitas de caruru. Na verdade, o caruru é um processo culinário na preparação de ingredientes verdes, frescos. O quiabo permanece até hoje tema e base gastronômica.

Além do caruru de quiabo, outras receitas integravam cardápios consumidos nas bancas dos mercados.

Para ampliar esse olhar sobre o caruru, relato a receita tradicional do cuxá do Maranhão, especialmente da cidade de São Luís, que tem como base a "vinagreira" (*Hibiscus sabdariffa L.*), também conhecida como quiabo-roxo, quiabo-de-angola, ou agrião-da-guiné. A folha é preparada do mesmo modo que o quiabo. Constitui também um caruru, visto que os ingredientes, até o início do século XX, eram os mesmos.

O caruru consagra-se também como comida/banquete em homenagem aos santos gêmeos Cosme e Damião, daí a denominação Caruru de Cosme, Caruru dos Meninos, unindo também a devoção ao culto religioso dos ibejis – orixás protetores da família, das mulheres grávidas e das crianças, para os iorubás.

A comida/banquete é a reunião de caruru, vatapá, feijão-de-azeite, acarajé, abará, acaçá, farofa de dendê, doces, pipoca, cana-de-açúcar, rapadura, aluá e outras bebidas.

Sem dúvida, o caruru é um dos pratos mais populares da cozinha afro-baiana.

BOLAS DE INHAME

Inhame é como são designadas as diferentes espécies dos gêneros *Dioscorea*, *Colocasia*, *Alocasia*, *Xanthosoma* e *Ipomoea batatas L.*

Trazido da África para o Brasil, também é chamado, em feiras e mercados do Nordeste, de inhame-da-Costa. O nome revela a procedência e a vinculação com os demais produtos que chegaram da Costa (que é o mesmo que África). Podia originar-se em qualquer uma das muitas regiões e portos que guardam relações históricas com o Brasil desde o século XVI.

O inhame é a base alimentar de milhões de pessoas. Especialmente na África ocidental, com os iorubás, é símbolo dos orixás da criação do mundo e do homem.

Na festa conhecida como Ojó Odó, dedicada a Oxalá, quando era o jovem e guerreiro Oxaguiã, são oferecidas bolas de inhame no peji (santuário).

ABARÁ

É a mesma massa do acarajé, só que cozida, feita com camarão seco e dendê. Em algumas receitas acrescentam-se pimenta e mesmo o gengibre, agregando novos sabores.

Compõe com o acarajé o tabuleiro tradicional da baiana. O abará também pode receber recheios de vatapá, caruru, camarões secos, salada e molho de pimenta.

Tradicionalmente, come-se o abará somente com molho de pimenta para realçar o sabor.

IPETÉ

O inhame é a base dessa comida, uma das principais do cardápio do orixá Oxum, assim como o omolocum – uma interpretação do feijão-de-azeite.

Certamente, do terreiro de candomblé à mesa das casas, ou das cozinhas das casas ao cardápio sagrado dos candomblés, os alimentos, as receitas e os pratos ganham novos e sempre atualizados significados do comer.

O ipeté integra os cardápios dos restaurantes, numa interpretação do tão celebrado "bobó de camarão", unindo, como na receita original do candomblé, os camarões secos e o dendê.

O inhame é um ingrediente muito popular, bastante consumido no cotidiano, no café da manhã – cozido, acompanhado de manteiga – ou ainda integrando pratos com charque, entre outros alimentos que dão sabor e acompanham os pratos, sempre reinterpretados e valorizando as cozinhas regionais.

EFUM-CUM

Querino traz a experiência da farofa, *efum* (farinha), *cum* (lugar do fogo, da cozinha, do fogão, da trempe, lugar para transformar alimentos pelo fogo, por cocção), resultando em um dos mais notáveis pratos à base de mandioca, como também o nosso pirão.

Efum-cum é termo em língua iorubá, comum no Recôncavo baiano, que dá nome aos ingredientes, aos pratos e aos processos culinários.

As farofas da Bahia são enriquecidas com azeite de dendê e camarão seco e acompanham galinha, peixe, porco, boi, cabrito, ovelha, feitos como xinxim, moquecas e guisados.

Há farofas para tudo, desde a obrigação nos terreiros de candomblé, em que é oferecido o padê – farofa de dendê – e os acompanhamentos para Exu, até o cotidiano da mesa baiana.

Vinho de dendê

Vinho de palma, *emu* para os iorubás e *malafo* para os de língua banto: Angola, Congo e outros povos. Bebida comum em bancas e tabuleiros de rua, junto com comidas feitas com azeite de dendê. Ainda nessas vendas ambulantes destacam-se as comidas moles, como angu de milho, feijão, pirões. Essas comidas formavam os cardápios de ganhos e quitandas, especialmente no século XIX, para atender aos escravos, libertos e crioulos.

Querino, nascido em 1851, ainda na época da escravidão, viveu e observou muitas dessas maneiras de fazer, vender e consumir comida.

O vinho de dendê é até hoje usual em países africanos, em especial na Nigéria.

Vatapá

Certamente, trata-se de um dos pratos consagrados da cozinha afro-baiana, ao lado do acarajé. Integra também os cardápios tradicionais do Pará, Maranhão, Pernambuco. É preparado nos almoços especiais das famílias e sobretudo na Semana Santa, na sexta-feira.

O vatapá de peixe é o vatapá baiano, mas há também o vatapá de galinha, de porco e o de bacalhau, que é um peixe, mas no imaginário popular bacalhau é bacalhau.

Há muita semelhança entre as receitas de vatapá e a açorda portuguesa, cuja base é o pão reaproveitado, como ocorre com o vatapá. Na açorda, porém, os caldos são de peixes e outros sabores e levam azeite de oliva, enquanto no nosso vatapá usamos azeite de dendê e leite de coco.

O vatapá era um prato muito apreciado pelo imperador D. Pedro II. Constavam nas "ementas" da corte os quatro tipos de vatapá: o de peixe, o de galinha, o de porco e o de bacalhau.

Existe ainda uma importante distinção entre o chamado vatapá de mesa, que é esse descrito, rico em ingredientes, e o vatapá de acarajé, uma massa de pão, de farinha, que leva os temperos básicos, dourada pelo "epô", o dendê.

Maniçoba

Querino oferece uma receita tradicional e que revela o bem comer do Recôncavo.

Maniçoba é comida muito farta, em geral preparada para almoços familiares, festas, celebrações de diferentes tipos, como ocorre também com a feijoada, prato de inclusão e de consumo frequente nessa região da Bahia.

As folhas da mandioca são postas a cozer por dois ou três dias, para ficarem purificadas, prontas, macias e então servir de base para essa verdadeira "feijoada verde" que é a maniçoba. Come-se com farinha de mandioca bem fina, acrescentando molho de pimenta.

Maniçoba é prato único, para comer muito. Também é assim no Pará: a mesma receita, o mesmo uso, o mesmo significado social e cultural.